DISCLAIMER

The author and publisher are providing this book and its contents on an "as is" basis and make no representations or warranties of any kind with respect to this book or its contents. The author and publisher disclaim all such representations and warranties, including but not limited to warranties of merchantability. In addition, the author and publisher do not represent or warrant that the information accessible via this book is accurate, complete, or current.

Except as specifically stated in this book, neither the author nor publisher, nor any authors, contributors, or other representatives will be liable for damages arising out of or in connection with the use of this book. This is a comprehensive limitation of liability that applies to all damages of any kind, including (without limitation) compensatory; direct, indirect, or consequential damages; loss of data, income, or profit; loss of or damage to property; and claims of third parties.

This Book Comes With Free Bonus Puzzles
Available Here:

BestActivityBooks.com/WSBONUS20

5 TIPS TO START!

1) HOW TO SOLVE

The Puzzles are in a Classic Format:

- Words are hidden without breaks (no spaces, dashes, ...)
- Orientation: Forward & Backward, Up & Down or in Diagonal (can be in both directions)
- Words can overlap or cross each other

2) ACTIVE LEARNING

To encourage learning actively, a space is provided next to each word to write down the translation. The **DICTIONARY** allows you to verify and expand your knowledge. You can look up and write down each translation, find the words in the Puzzle then add them to your vocabulary!

3) TAG YOUR WORDS

Have you tried using a tag system? For example, you could mark the words which have been difficult to find with a cross, the ones you loved with a star, new words with a triangle, rare words with a diamond and so on...

4) ORGANIZE YOUR LEARNING

We also offer a convenient **NOTEBOOK** at the end of this edition. Whether on vacation, travelling or at home, you can easily organize your new knowledge without needing a second notebook!

5) FINISHED?

Go to the bonus section: **MONSTER CHALLENGE** to find a free game offered at the end of this edition!

Want more fun and learning activities? It's **Fast and Simple!**
An entire Game Book Collection just **one click away!**

Find your next challenge at:

BestActivityBooks.com/MyNextWordSearch

Ready, Set... Go!

Did you know there are around 7,000 different languages in the world? Words are precious.

We love languages and have been working hard to make the highest quality books for you. Our ingredients?

A selection of indispensable learning themes, three big slices of fun, then we add a spoonful of difficult words and a pinch of rare ones. We serve them up with care and a maximum of delight so you can solve the best word games and have fun learning!

Your feedback is essential. You can be an active participant in the success of this book by leaving us a review. Tell us what you liked most in this edition!

Here is a short link which will take you to your order page.

BestBooksActivity.com/Review50

Thanks for your help and enjoy the Game!

Linguas Classics Team

1 - Antiques

```
Г Н С Э Ь Т С О Н Н Е Ц Н И Щ О
Н Ю О Н Л Я Г Т Ц Ф Я Т Е Н К С
Ы Ф С У И Е А Л И Ь В Щ О В У К
Л У Т Ц О Р Г Ь Й Л Ф Ц Б Е Ц У
Ь К О Д Ж Е Х А Ы О Ь Е Ы С Ф Л
А Ш Я Ь А Л К Г Н В П Н Ч Т И Ь
У Т Н Т Е А М Я В Т У А Н И С П
Т У И В У Г Ь С И С Н А Ы Ц К Т
Е У Е Р Г Х А Б Т Е Б Ы Й И У У
Н О И Ц К У А Д А Ч Ы Т Й И С Р
Т Д Б У Я А Ж Д Р А Д Е Ы Н С А
И Р О Т К Е Л Л О К Д Н Р В Т Ж
Ч У С Ф Б Я М А К Р Г О А Е В Ь
Н Ф Д Е Р Я Ь Л Е Б Е М Т К О Н
Ы М Ю В Ч Ш И Ж Д Т Г К С С Ц Ю
Й У В Д Е С Я Т И Л Е Т И Я А Ь
```

ИСКУССТВО	МЕБЕЛЬ
АУКЦИОН	ГАЛЕРЕЯ
АУТЕНТИЧНЫЙ	ИНВЕСТИЦИИ
ВЕК	СТАРЫЙ
МОНЕТЫ	ЦЕНА
КОЛЛЕКТОР	КАЧЕСТВО
СОСТОЯНИЕ	СКУЛЬПТУРА
ДЕСЯТИЛЕТИЯ	СТИЛЬ
ДЕКОРАТИВНЫЙ	НЕОБЫЧНЫЙ
ЭЛЕГАНТНЫЙ	ЦЕННОСТЬ

2 - Food #1

```
Ш Л Р А Х А С И Х А Р А Т У К В
Ч Ч Р С О К Н О О Ж Ч Ш Ь Х Л М
Ш Р П О Ж А П К Л Б Е У Ф П У С
С У У Ж Ь О С О Л Ь Ш Р Ы О Б О
М О Р К О В Ь Л И Л Н Г Щ И Н К
Л У К О Ь М Д О М Г Г Е Т Г И И
М Ф У Н С Ш Л М О К Ы Ц М Ю К Р
С Р Е С Р Е П А Н Ч М Т Л Ч А Б
Ш Д Ъ Е С А Л А Т Р Ь Ц Р Ь Я А
Х Я Н Ч Ю Х Е Щ А Ы Т А Г Ъ И Я
Б А З И Л И К Е К Ю В У Т В Ъ Ы
Ч Р Ж Н Ч У Г Т О Щ Л С Н Н Я Щ
Е Т Ш Ж Ч М Д Г Р П Ю Л Ш Е Ы Щ
Я Ф Е Ч Ц Ц Ч Ц И П Ш Ю С А Ц П
Б К Ь Х К Л Д Ж Ц Ш П И Н А Т Ъ
К Ж Б Ы И Т Ю Е А Л Л А Д Т Т И
```

АБРИКОС	АРАХИС
ЯЧМЕНЬ	ГРУША
БАЗИЛИК	САЛАТ
МОРКОВЬ	СОЛЬ
КОРИЦА	СУП
ЧЕСНОК	ШПИНАТ
СОК	КЛУБНИКА
ЛИМОН	САХАР
МОЛОКО	ТУНЕЦ
ЛУК	РЕПА

3 - Measurements

```
Л И Т Р Т Е М Ь М А Г И О С Щ П
Ч М В Т Щ Ж М Я И Ц Н У С Т Н А
С Л Ш Е Б М А М Н Х И О А Е М Д
Б Ж В М Б М Р И У Р Л У Н П Ш Е
Ч Ф Ы О Ш А Г К Т Г Г Г Т Е Т С
Д Ф С Л Ф Р Й Р А Я Ш К И Н Д Я
Ю Р О И Ч Г Т Т С Ъ Ы М М Ь Л Т
Й О Т К Е О У П С С Ю Т Е Ж И И
М Г А Б Ж Л И О А Н Н О Т Л Н Ч
В Ш Л Ж Т И Т Ч М Е Ж Ш Р Ы А Н
Х Р И У Н К О Б Ъ Е М К Ц Е Т Ы
Ю К Р Р Б Р М В Е С И Ж Я К Е Й
Р К Б А И И Е П С Щ Д А П Х Н Щ
Ж В Б О Н Н Н Л Щ М Я В Ш А Ч Ш
Х Н Ъ Е Ж Ж А А А Г Е Т У Т Щ П
Ц Р У Л Я Ы У Ш Ж Ц Ч Ь Я Ь О Щ
```

БАЙТ	ДЛИНА
САНТИМЕТР	ЛИТР
ДЕСЯТИЧНЫЙ	МАССА
СТЕПЕНЬ	МЕТР
ГЛУБИНА	МИНУТА
ГРАММ	УНЦИЯ
ВЫСОТА	ТОННА
ДЮЙМ	ОБЪЕМ
КИЛОГРАММ	ВЕС
КИЛОМЕТР	ШИРИНА

4 - Farm #2

```
Ф Ц Ь К О Н Е Н Г Я М Д Ж Ф Р Ы
С Ш К У О Г Ь Ч Я Б А Д И Е А Я
Т А С К О К Я Ь М У К Я В Р С П
Ф К Д У Т К Е И Ы Г Ю Д О М Т Щ
Я Т И Р А Б М А Л А М А Т Е И Б
Е У Е У Е Д А Ф Ж Ъ Ч Т Н Р Ц И
И Щ Х З И Т Х П Ж Б Ш А Ы К Г П
Т Т Т А Г Л Ы Д Т Д Ч Е Б О А
Д К Р Х Ц Г Ъ Ф И В П О Ъ А В С
А Ь К М Ю В К Ы Ю У Ш А П Щ Щ Т
Я Ч М Е Н Ь О О Р О Ш Е Н И Е И
П С Т Р А К Т О Р Ф Р У К Т Ю Ю
Ж Ф У Щ П Ш Е Н И Ц А Я О Ф О А
М О Л О К О Г Д И У Ф Г Ъ А Т Ж
Л У Г В Х В Щ К В Т Ц Ф О Е Е Ч
Е П Г О М Ь В Щ И Ю Г Т П Ф Ц Г
```

ЖИВОТНЫЕ	ЛАМА
ЯЧМЕНЬ	ЛУГ
АМБАР	МОЛОКО
КУКУРУЗА	САД
УТКА	ОВЦА
ФЕРМЕР	ПАСТИ
ЕДА	РАСТИ
ФРУКТ	ТРАКТОР
ОРОШЕНИЕ	ОВОЩ
ЯГНЕНОК	ПШЕНИЦА

5 - Books

```
К Ы Г И Я Т П И Р Р О Т В А И Ч
С О И В И А О С А С О Р Ц С И
П Ч Н В Ц Л Э Т С Л Ь М О А Т Т
Р Я М Т К Ю З О С О Н Ъ А Н О А
Ф Б Ч Р Е С И Р К В М Б Ш Н Р Т
И Ц Ь Ц Л К Я И А А Ю Н Ь Щ И Е
Е П С Щ Л Д С Я З Р С Г Г И Ч Л
У У Д У О В О Т Ч И Ю И Х Ж Е Ь
Х А Р А К Т Е Р И С Е Р И И С У
Ъ Е И Н Е Ч Ю Л К И Р П Ж Ь К М
Э П И Ч Е С К И Й Щ В И Я Ъ И Е
Б К Л И Т Е Р А Т У Р Н Ы Й Й С
С Т Р А Н И Ц А О М Т С Р Щ Д Т
Т Р А Г И Ч Е С К И Й Ь С М И Н
Е Ч Ы Ю Н А П И С А Н О Ш Ш Ю Ы
С Т И Х Щ Т Д Х П Л Я Ы Я Д М Й
```

ПРИКЛЮЧЕНИЕ	СТРАНИЦА
АВТОР	СТИХ
ХАРАКТЕР	ПОЭЗИЯ
КОЛЛЕКЦИЯ	ЧИТАТЕЛЬ
КОНТЕКСТ	УМЕСТНЫЙ
ЭПИЧЕСКИЙ	СЕРИИ
ИСТОРИЧЕСКИЙ	ИСТОРИЯ
ЛИТЕРАТУРНЫЙ	ТРАГИЧЕСКИЙ
РАССКАЗЧИК	СЛОВА
РОМАН	НАПИСАНО

6 - Meditation

У	В	Ж	И	Х	О	А	Н	Т	Х	П	М	Д	Я	С	Б
Ы	М	Б	С	Л	О	Н	Ы	Х	М	Г	Ь	Ц	Е	Ф	О
Л	Ц	С	М	Ж	Л	Р	С	В	Л	Т	Ш	Ц	Я	К	Д
Ъ	С	Ь	Т	С	О	Н	Р	А	Д	О	Г	А	Л	Б	Р
И	К	Ч	Ы	В	И	Р	П	О	Ш	Т	Ь	Е	У	С	С
В	А	У	Я	Ъ	Е	П	У	Ю	Г	Щ	М	И	Р	О	Т
Ц	В	Г	М	С	Ъ	Н	Н	Е	Р	Ф	Ц	Н	У	С	В
Д	Ю	А	Е	Ь	Н	Г	Н	В	Т	М	О	Е	М	Т	У
А	Н	И	Ш	И	Т	О	Х	Ы	Е	У	Н	Ж	А	Р	Ю
Д	О	Б	Р	О	Т	А	С	И	Й	З	Ф	И	Т	А	Щ
О	М	Ы	С	Л	И	Я	Г	Т	Е	Ы	Б	В	Ж	Д	И
Р	Э	М	О	Ц	И	И	Н	Х	Ь	К	Х	Д	П	А	Й
И	Н	Ь	Р	Д	Т	У	Е	И	Н	А	Х	Ы	Д	Н	М
Р	В	Н	И	М	А	Н	И	Е	Р	Х	О	Ш	Ф	И	Ц
П	С	П	О	К	О	Й	Н	Ы	Й	П	Ь	Ф	Л	Е	К
П	Е	Р	С	П	Е	К	Т	И	В	А	О	К	О	А	Л

ПРИНЯТИЕ	ДОБРОТА
ВНИМАНИЕ	УМСТВЕННЫЙ
БОДРСТВУЮЩИЙ	УМ
ДЫХАНИЕ	ДВИЖЕНИЕ
СПОКОЙНЫЙ	МУЗЫКА
ЯСНОСТЬ	ПРИРОДА
СОСТРАДАНИЕ	МИР
ЭМОЦИИ	ПЕРСПЕКТИВА
БЛАГОДАРНОСТЬ	ТИШИНА
ПРИВЫЧКИ	МЫСЛИ

7 - Days and Months

```
Б Ц П М Ы Ш Ъ Ъ С Е Ж У Н Щ Б С
Р Ъ П Ч И Ц Ф Ь Т П Ъ Я Ж Х У Р
Щ Ю Ю О Н Я Ь Р Б Я Т К О В Г Е
М А Р Т Н С О А Ф Т С Щ М О О Д
С Ч Ц Л Ш Е М Д Ч Н У С Ш С Д А
Д Е Т П Ъ М Д Н Р И Г У Д К Т С
Ч Г Н Ь У К Е Е Ь Ц В В Г Р Ц У
Ы Е Ф Т Х Е Е Л Л А А Е Х Е Щ Б
Х Ф Т Я Я Я П А Е Ь Л Ю И С С Б
А Ц Ц В Л Б И К Р Р Н Щ Щ Е В О
И Х Н Ь Е Ю Р Ж П Б Х И Я Н Т Т
Т Б С Ь Д Р Я Ь А Я Ц Т К Ь О А
Р Я О Б Е Щ Г К И О Н В В Е Р Ю
Ш Ь В Л Н Х Б Ш А Н Л Ж Б Ц Н Т
Ф Е В Р А Л Ь Я Н В А Р Ь О И С
Ш Ф Л Ц Ч Ъ Ф Л Ъ Г С Х Д Ы К Ъ
```

АПРЕЛЬ	НОЯБРЬ
АВГУСТ	ОКТЯБРЬ
КАЛЕНДАРЬ	СУББОТА
ФЕВРАЛЬ	СЕНТЯБРЬ
ПЯТНИЦА	ВОСКРЕСЕНЬЕ
ЯНВАРЬ	ЧЕТВЕРГ
ИЮЛЬ	ВТОРНИК
МАРТ	СРЕДА
ПОНЕДЕЛЬНИК	НЕДЕЛЯ
МЕСЯЦ	ГОД

8 - Energy

```
С  Б  Н  Т  Л  Д  Ъ  И  Р  Ъ  Я  Г  У  Б  Д  Э
Ь  У  Г  Б  Х  Б  Э  С  Л  У  У  Ш  Л  Е  И  Л
У  Г  Л  Е  Р  О  Д  Л  Ф  О  Т  О  Н  Н  З  Е
Э  Р  П  Ц  И  В  О  П  Е  В  Е  Ч  Ч  З  Е  К
Н  Х  Щ  Н  К  И  Р  А  Т  К  Е  Ю  Ч  И  Л  Т
Т  Б  Ч  Л  Е  Л  О  Р  И  Г  Т  Т  Ц  Н  Ь  Р
Р  В  Н  О  И  П  Д  М  Ь  Х  Ь  Р  Е  Ь  Л  И
О  С  Ф  С  Ш  О  О  Р  Ч  Р  Щ  Ы  О  Р  Ы  Ч
П  Р  П  В  Я  Т  В  К  А  П  Я  Ф  Ц  Н  Ъ  Е
И  Т  Д  В  И  Г  А  Т  Е  Л  Ь  Ю  Ы  Ч  Ш  С
Я  Ь  У  Е  Г  У  Р  Я  Д  Е  Р  Н  Ы  Й  Ь  К
Н  Я  Е  Р  А  Т  А  Б  В  Ф  В  Ш  Г  Т  Ы  И
Ц  Д  М  В  Б  О  Ж  И  Ю  Я  М  О  Т  О  Р  Й
Ю  Ы  Ю  Ю  Е  И  Н  Е  Н  З  Я  Р  Г  А  З  Щ
Я  Щ  Б  Ь  Н  В  Н  Ъ  Д  М  Ж  Я  Н  И  М  Ф
Р  Ъ  П  Ч  П  Ж  А  А  Ж  Н  К  Б  Л  Ъ  Б  О
```

БАТАРЕЯ	ВОДОРОД
УГЛЕРОД	МОТОР
ДИЗЕЛЬ	ЯДЕРНЫЙ
ЭЛЕКТРИЧЕСКИЙ	ФОТОН
ЭЛЕКТРОН	ЗАГРЯЗНЕНИЕ
ДВИГАТЕЛЬ	ПАР
ЭНТРОПИЯ	СОЛНЦЕ
ТОПЛИВО	ТУРБИНА
БЕНЗИН	ВЕТЕР
ЖАРА	

9 - Chess

```
Я Ж Ц П У М Н Ы Й Р К П Х Т О С
А Ш Д Д Ъ Н Я Я Ы Р О Р Л О П Ж
Ь Х В Т А Т Х П Л П Р О О Ч П Ю
Р А У Л Ь Й В Ш Е Р О Б Г К О Б
Ъ Ж Г А Л Ы И Ч Б А Л Л П И Н Я
Д И А Г О Н А Л Ь В Е Е Т У Е Ь
Я К Я Ю Р Р П П Р И В М О Д Н О
В О И Щ О Е К Й Г Л А Ы Ы Т Т А
К Р Г М К Ч Ъ Ь Ы А Ж Е Р Т В А
О Г Е Ч Е М П И О Н И Г Р А С Ф
Н И Т М Т У Р Н И Р В С Р Б Г Ц
К М А М Я В М Х У И Ъ И Е Ь Ь Ъ
У Т Р Я Ь Ч Б И А К Р Н С К Д Е
Р Ю Т Ь Х С И В И И Ж Е Ь С Ы В
С Г С Н Ч Г Ц Щ С П Ф Я Т Щ А В
Я Т Л Е Л Д В К Ч Р Б Ш Ы Р Х П
```

ЧЕРНЫЙ	ИГРОК
ПРОБЛЕМЫ	ТОЧКИ
ЧЕМПИОН	КОРОЛЕВА
УМНЫЙ	ПРАВИЛА
КОНКУРС	ЖЕРТВА
ДИАГОНАЛЬ	СТРАТЕГИЯ
ИГРА	ВРЕМЯ
КОРОЛЬ	ТУРНИР
ОППОНЕНТ	БЕЛЫЙ
ПАССИВНЫЙ	

10 - Archeology

```
В  Б  Т  С  Л  Д  А  Д  Н  А  М  О  К  Л  К  Ю
Р  Ы  С  А  Н  Я  Р  Р  Ы  Д  Н  Д  Ш  Ч  О  Ы
Е  Т  В  К  Л  Ц  Э  Е  О  Х  Г  Й  Б  Ц  С  Ф
Л  П  А  О  Х  И  Л  В  Я  Ы  Х  Ю  А  Х  Т  У
И  Е  Н  М  Д  К  Г  Н  Б  П  Ц  Н  Ч  Т  И  Й
К  Х  А  О  Я  Ы  Е  О  М  Е  А  П  О  К  С  И
В  Р  Л  Т  Р  П  И  С  М  О  Г  Ю  А  А  П  Н
И  А  И  О  Ъ  Я  К  Т  Р  Е  П  С  К  Э  К  В
Я  М  З  П  И  Ъ  Ъ  Ь  Р  Г  Х  О  Н  З  Ъ  Е
Ф  В  Г  Ь  Ж  О  Б  Ъ  Е  К  Т  Ы  Е  А  О  Р
Щ  П  Я  И  Ц  А  З  И  Л  И  В  И  Ц  Б  Н  Д
Н  Е  И  З  В  Е  С  Т  Н  Ы  Й  Ь  О  Ы  Ц  К
И  С  С  Л  Е  Д  О  В  А  Т  Е  Л  Ь  Т  М  В
Щ  О  Л  Ы  Щ  Ф  В  В  Б  В  Ц  И  К  Ы  Я  К
Т  Щ  Х  Ъ  Ю  О  Ф  Ю  Н  И  Н  Ъ  Т  Й  Ь  Х
Р  Ъ  Ъ  У  Д  У  П  Ч  Ф  П  К  Л  Е  Х  Ы  М
```

АНАЛИЗ	ЗАБЫТЫЙ
ДРЕВНИЙ	ИСКОПАЕМОЕ
ДРЕВНОСТЬ	ТАЙНА
КОСТИ	ОБЪЕКТЫ
ЦИВИЛИЗАЦИЯ	РЕЛИКВИЯ
ПОТОМОК	ИССЛЕДОВАТЕЛЬ
ЭРА	КОМАНДА
ОЦЕНКА	ХРАМ
ЭКСПЕРТ	МОГИЛА
ВЫВОДЫ	НЕИЗВЕСТНЫЙ

11 - Food #2

```
Р Ш К П А Й П Щ М Ж С Щ Г Р С Б
Ш Б Ш Ю Ж О О Щ Г Ф Ь Х Ь Ъ Ш А
Н О У О Ч Г М Щ Б П Г И Щ Ъ Г Н
У Н К К Я У И Л О К К О Р Б Ю А
Б Ф Р О Я Р Д Б А К Л А Ж А Н Н
П Б Ы Л Л Т О Щ Т Л Х Ц Ъ Щ И Ю
А Ш У Б Р А Р А М Ш О И Н Г Ч В
Р Ъ Е Я Т Б Д Р М В Н Р Ь Ы Ф Я
Ц Н К Н О Ы Т Т К Я С У Ы Ш Л Й
Б И Е Ш И Р А И В И К К И Н Щ Ц
М А Ж И Ш Ц Л Ш В Е Т Ч И Н А О
Ъ Ч Р В В А А О В И Н О Г Р А Д
С Ы Р Ц Г Щ Ы К П Т Ч Ш Л А П Е
С Е Л Ь Д Е Р Е Й Г Р И Б Ы Ъ Ы
Х И У Д Т Щ Ы Щ И О Ж Я Д Ч Е М
М Ы Р В Ы Ш Л Х Ц О С Ь Х С У Ц
```

ЯБЛОКО	БАКЛАЖАН
АРТИШОК	РЫБА
БАНАН	ВИНОГРАД
БРОККОЛИ	ВЕТЧИНА
СЕЛЬДЕРЕЙ	КИВИ
СЫР	ГРИБ
ВИШНЯ	РИС
КУРИЦА	ПОМИДОР
ШОКОЛАД	ПШЕНИЦА
ЯЙЦО	ЙОГУРТ

12 - Chemistry

```
А Т О М Н Ы Й Н Т Н З Ж С О Л Ь
К А Т А Л И З А Т О Р А Г В К Ц
К Е Щ О Р Ш Ж О Щ Е Ф Р Г О И Д
О Е Ц Г А К Ж Х Р Р Ж А Ъ Р С Э
Х Щ Г Щ Г Л Х О Ф Б И Т П Г Л Л
Д Л М О Л Е К У Л А В О В А О Е
Ю Д О Р О Д О В М Р Р Л Х Н Р К
Й Ы Н Р Е Д Я Б У У П С Ю И О Т
О В Е С У К Щ Ф Х Т Ы И Ю Ч Д Р
Н В Ю Е Ж О Щ К Е А Е К Х Е М О
Ч Я У Г Л Е Р О Д Р Л Ж Ъ С П Н
О Ф Б Ц И О Н Х Ж Е М И Г К О У
Л Ч Е Ы Д Ш Ы Р П П Л Е М И Ь У
Е М Ы У У М Ф Ц Л М В Г Н Й Щ П
Щ Р Ю В М Ъ Ж А Н Е Б С Ю Т Ь М
С М Ь Ф Ш Д И Ж Ь Т С О К Д И Ж
```

КИСЛОТА	ВОДОРОД
ЩЕЛОЧНОЙ	ИОН
АТОМНЫЙ	ЖИДКОСТЬ
УГЛЕРОД	МОЛЕКУЛА
КАТАЛИЗАТОР	ЯДЕРНЫЙ
ХЛОР	ОРГАНИЧЕСКИЙ
ЭЛЕКТРОН	КИСЛОРОД
ФЕРМЕНТ	СОЛЬ
ГАЗ	ТЕМПЕРАТУРА
ЖАРА	ВЕС

13 - Music

```
М Д У Г Ъ Р И Т М Е Н Д Ц О М Г
А У Щ Л А К О В Б Ч Ф А Е Т Е А
Ч Ч З Х П Р Н Б П А Р Е П О Л Р
Ч Ц У Ы Ш Н М Щ Ч Х Л Ж В И О М
Ъ П С Е К Ж Б О Н О Т Л Ф У Д О
Р Ь С И П А З Ц Н Р О М А Л И Н
Я Н Г М В Ж Н Х О И Щ Б Ф Д Я И
П Е Т Ь П С А Т Ф Х Я Ы П Ш А Ч
А Л Ь Б О М Ц С О И Ч Т У Е Е Е
О Р С М Ю Ф Е С Р К П Р Л У И С
Г Ъ Б Н И Б В Н К И К Ш М О М К
Ф С Й И К С Е Ч И С С А Л К Ф И
А Е К Ь П Я П Т М А И Е Ж Ц Я Й
Л И Р И Ч Е С К И Й Ч Ъ Ы Ч Щ О
П О Э Т И К А Р И Т М И Ч Н Ы Й
Э К Л Е К Т И Ч Н Ы Й К Х Б В Я
```

АЛЬБОМ	МУЗЫКАНТ
БАЛЛАДА	ОПЕРА
ХОР	ПОЭТИКА
КЛАССИЧЕСКИЙ	ЗАПИСЬ
ЭКЛЕКТИЧНЫЙ	РИТМ
ГАРМОНИЧЕСКИЙ	РИТМИЧНЫЙ
ГАРМОНИЯ	ПЕТЬ
ЛИРИЧЕСКИЙ	ПЕВЕЦ
МЕЛОДИЯ	ВОКАЛ
МИКРОФОН	

14 - Family

И	С	Г	В	Л	Я	Ь	П	Л	Е	Т	Ж	А	У	Б	Я
Р	Я	И	У	Н	Ф	А	Р	Т	С	Е	С	М	У	Ч	К
Х	М	А	Т	Б	У	П	Е	Р	Ю	Р	И	Х	Я	С	Ъ
М	С	Щ	Щ	Ч	Ю	К	Д	Б	Р	А	Т	Ь	Х	Ъ	К
Б	А	Б	У	Ш	К	А	О	М	У	Ж	Е	Х	В	Ь	Н
Д	Е	Т	С	Т	В	О	К	Е	Е	А	Д	Т	К	Р	Р
Щ	Ш	Х	Ы	Е	Р	В	Ы	Ч	Ъ	Щ	Ц	Х	Ц	Е	П
У	Й	И	К	С	В	О	Ц	Т	О	Х	Ч	А	Б	Л
Ж	В	Ц	Й	И	К	С	Н	И	Р	Е	Т	А	М	Е	Е
О	Т	Е	Ц	Ж	М	А	Т	Ь	Е	Ш	Т	И	Д	Н	М
Г	Л	Г	Ч	Д	В	У	У	Д	Ч	В	А	Я	Е	О	Я
П	Л	Е	М	Я	Н	Н	И	Ц	А	О	М	Ж	Д	К	Н
Ю	М	Н	Д	Я	Д	Я	Ц	Ю	Д	П	Д	Е	Н	Ю	Н
Ы	А	Ю	О	Ы	Б	Р	Ф	П	Ю	У	Ю	Н	Ы	Я	И
Р	Т	Ъ	Щ	С	Ф	Д	Ц	Я	Б	И	Ъ	А	Л	Ц	К
Т	Б	Х	В	Г	Р	Ф	Б	Р	Ы	П	Д	Н	Ч	Ы	Х

ПРЕДОК	ВНУК
ТЕТЯ	МУЖ
БРАТ	МАТЕРИНСКИЙ
РЕБЕНОК	МАТЬ
ДЕТСТВО	ПЛЕМЯННИК
ДЕТИ	ПЛЕМЯННИЦА
ДОЧЬ	ОТЦОВСКИЙ
ОТЕЦ	СЕСТРА
ДЕД	ДЯДЯ
БАБУШКА	ЖЕНА

15 - Farm #1

```
Х  Г  У  Ш  Х  П  Ж  И  У  М  Ь  Л  А  Ц  Ф  Ц
П  Ы  Ъ  Ж  Ф  Ъ  Ч  Щ  Ъ  Г  Р  Б  Ь  Л  Р  И
П  Ж  Н  З  У  Б  Р  Ц  С  Т  А  Д  О  У  П  Л
К  Е  Б  Х  Ъ  Р  Г  Х  И  Ц  К  Е  Ъ  Д  Ч  Т
М  У  С  Е  Н  О  К  Д  Р  А  Ш  М  О  О  Е  Я
К  Ж  Р  Б  Ж  Ц  К  О  Х  Ш  О  К  Ч  Б  Л  Л
Н  Ц  Ф  И  Е  Л  О  П  Р  У  К  Х  В  Р  А  М
С  П  М  Щ  Ц  Ь  З  З  Ж  О  К  А  Л  Е  С  О
Т  П  Д  К  Ь  А  А  Б  А  Ш  В  Ю  Т  Н  Г  Я
Ц  Л  П  Ъ  М  Н  К  М  Д  Б  К  А  Е  И  Л  Ю
Ж  С  Ч  Ю  Ф  Е  А  Н  О  Р  О  В  Л  Е  О  Н
Г  Ъ  Ш  Я  Ю  М  Б  Т  В  Т  Ъ  Р  Е  К  Ш  С
И  П  В  Ъ  Ш  Е  О  Р  Р  Б  П  Б  Ц  Ь  А  А
Ъ  С  Д  Д  Б  С  С  С  Д  Е  Ы  Ь  Р  Х  Д  Ч
Ь  Ю  Ы  Д  К  Щ  Ц  Ф  Т  Р  Щ  В  К  Н  Ь  О
Х  Н  Р  Ь  Д  Щ  Д  П  Е  Ч  А  Ф  Ъ  С  В  О
```

ПЧЕЛА	УДОБРЕНИЕ
ЗУБР	ПОЛЕ
ТЕЛЕЦ	СТАДО
КОШКА	КОЗА
КУРИЦА	СЕНО
КОРОВА	МЕД
ВОРОНА	ЛОШАДЬ
СОБАКА	РИС
ОСЕЛ	СЕМЕНА
ЗАБОР	ВОДА

16 - Camping

```
Д Д О Ю Л Ж С Т Ц Ч И А К Ъ А Ы
Е И Ж Д У О У Д Ц Ь Ы У Р О У Т
Р И Ф Щ Н Ь З В Е Р Е В К А Е П
Е Д Ы М А У Ш Е П Ъ М Э В Р О Р
В С Ц Ж Т Е Ы И Р А Т О Х О М И
Ь Р Ь К Р М А Н П О Л Н Ы Г О Р
Я Щ Ф О А К К А Ш П Р А М Ц К О
Ц Д Т М К Д А В К К П К Т Л Е Д
Ч У Ж П Ж И В О Т Н Ы Е Б К С А
Я У Ъ А М Р Т Д Л Ъ Я Ь М Ы А Е
О Ъ К С В О Б У К Е Л Л Б Ж Н Я
Г А М А К О Г Р Ж Ц С Е С Н Х Ь
Ш Л Я П А Ь Н О Г О Б С Б Х С Х
Ц М М Ч П М Г Б Ь П Я Е Х А Ъ Б
Л Р Ц Ы Ь Ф Ъ О А Р Ц В Ъ Ж Х К
Л Ъ П П Р И К Л Ю Ч Е Н И Е А Ш
```

ПРИКЛЮЧЕНИЕ	ОХОТА
ЖИВОТНЫЕ	НАСЕКОМОЕ
КАНОЭ	ОЗЕРО
КОМПАС	КАРТА
ОБОРУДОВАНИЕ	ЛУНА
ОГОНЬ	ГОРА
ЛЕС	ПРИРОДА
ВЕСЕЛЬЕ	ВЕРЕВКА
ГАМАК	ПАЛАТКА
ШЛЯПА	ДЕРЕВЬЯ

17 - Algebra

```
Д И А Г Р А М М А Л И Д Ф Ю В Б
В М Я П Ж Т А Ч Р О С Е А У С Е
Г У В Ы У Ж У Я Е Ж Ц Л К Ж Х С
К Ы О Ы Б Е Ь Л У Н Т Е Т Щ Ш К
Р Б Ф Д Ч Л С Ш П Ы М Н О Щ Ю О
К О Б Ь С И У Н Ю Й У И Р Е И Н
С К О Б К А Т Й Ы Н Й Е Н И Л Е
К И М Ч Я М Ч А Ы Х Х И Ц Н Э Ч
Я Ф А А И Е У Х Н Ы Ц Н Н Е К Н
И А Т Б Б Л Ч П У И И Е И Н С Ы
Ц Р Р Я М Б И Ш Р Я Е Ш В В П Й
К Г И А Р О С В И О Щ Е Ч А О Ж
А Ь Ц Н С Р Л Ь Х У Щ Р Л Р Н Ц
Р Р А Щ Ж П О Ч А Л У А В У Е И
Ф О Р М У Л А Р Б Д Х Г Т Б Н Я
П Е Р Е М Е Н Н А Я Б Х И Ь Т П
```

ДИАГРАММА	ЛИНЕЙНЫЙ
ДЕЛЕНИЕ	МАТРИЦА
УРАВНЕНИЕ	ЧИСЛО
ЭКСПОНЕНТ	СКОБКА
ФАКТОР	ПРОБЛЕМА
ЛОЖНЫЙ	УПРОЩАТЬ
ФОРМУЛА	РЕШЕНИЕ
ФРАКЦИЯ	ВЫЧИТАНИЕ
ГРАФИК	ПЕРЕМЕННАЯ
БЕСКОНЕЧНЫЙ	НУЛЬ

18 - Numbers

```
Д Е С Я Т Ь Т А Ц Д А Н Т Я П С
Ч О И Ш А М Ц Ф С Х Ш Б Ю Ю П Е
Ч Е Я Ч Ж Е Ь Ш Х Л У М Р Б Я М
Ю Е Т Ш Е С Т Н А Д Ц А Т Ь Т Н
Д Д Т Ы С О А И Р Т Т Н Т Ш Ь А
В В Ф Ы Р В Ц Д Ь В Ъ Р Л Г М Д
Е А Е Й Р Н Д О С Ф Ч В И Я У Ц
Н А Ы Ы Б Е А Г Ф В Ц Ш А К Х А
А Б Б Н А И Н Д Д Е В Я Т Ь Ъ Т
Д И Б Ч Л Е И Ч Ц Ш Е С Т Ь И Ь
Ц О Щ И Ю И Р С Г А В Г С Ф В Г
А Ч П Т В Ю Т Е В М Т Г Л Л В К
Т Ь Р Я Ф Ф Ы М К П Н Ь А Д Ч Е
Ь М В С Ц И Ь Ь Д В А Д Ц А Т Ь
Ч Н Д Е В Я Т Н А Д Ц А Т Ь Ь Г
Я Л У Д В О С Е М Н А Д Ц А Т Ь
```

ДЕСЯТИЧНЫЙ	СЕМЬ
ВОСЕМЬ	СЕМНАДЦАТЬ
ВОСЕМНАДЦАТЬ	ШЕСТЬ
ПЯТНАДЦАТЬ	ШЕСТНАДЦАТЬ
ПЯТЬ	ДЕСЯТЬ
ЧЕТЫРЕ	ТРИНАДЦАТЬ
ЧЕТЫРНАДЦАТЬ	ТРИ
ДЕВЯТЬ	ДВЕНАДЦАТЬ
ДЕВЯТНАДЦАТЬ	ДВАДЦАТЬ
ОДИН	ДВА

19 - Spices

```
Ю Ю Ф У П К Ы Н К О Н С Е Ч Д С
Ь Я Ч А Н И С У К В И Л П Т Г О
К О Р И А Н Д Р Ь Ф М А Ф Ю В Л
С Р А Я Ж Т Ъ Ю Д Р Т Д О Ж О Ь
Ч О Ы Ф Ж И Р Р А К В К К Г З Ф
Ъ Д Л Щ Ъ Ж И Ш Ю Ц Ъ И М Ш Д Е
Ч Я Я О П А Я К Е Ц Г Й Ж Ю И Н
Ъ Ш Ф Ь Д П Л П А П Р И К А К Х
Х К А Й И К Ь Р О Г И К О Ц А Е
Н Я В Ф Ь Ф А И М Б И Р Ь И Ю Л
Щ Т Х Л Р В А Н И Л Ь Л О Р Ъ Ь
Ц С Б Л Ш А Г Р Р У Я Ф У О Б Я
Е Т Х С Ю Ц Н О М А Д Р А К Т В
Я А Ж И Ю Ц Л П Щ Х С Ц Ю П Р Ц
Ъ Е Ч Ю Ж Р Т Н Д Т Х Х Л Ф Ф Ы
Т К А Ж Ф У Ж Ч М Т Ж С Р Я Л В
```

АНИС	ВКУС
ГОРЬКИЙ	ЧЕСНОК
КАРДАМОН	ИМБИРЬ
КОРИЦА	СОЛОДКА
ГВОЗДИКА	ЛУК
КОРИАНДР	ПАПРИКА
ТМИН	ШАФРАН
КАРРИ	СОЛЬ
ФЕНХЕЛЬ	СЛАДКИЙ
ПАЖИТНИК	ВАНИЛЬ

20 - Universe

```
Ц Щ Ф Т А Т Ж Ю А В Щ Ш Л У Е Ш
О Ю Ь Ц Г С Е Ы Ш С Ш Ш У Ь Щ Ы
О Р Б И Т А Т Л Л Т Ц Н Ъ Т Б
Г Ф Я Р Й С Ы Р Е О Щ Е А К Н Ц
Н Е Б О И Ф Г Ф О С Ъ Ъ Р К О Е
Г А Л А К Т И К А Н К Ы Н О З Ю
А Т О Е С Ь С Х М Ъ О О Н Щ И Ш
К О Ш К Е З О Д И А К М П Н Р Д
Ч Р Щ Ь Ч Щ К Ю Ы Л Е Ч И Н О Ф
Н И Щ С И Т Р М Е Т Ь Ж Ю Я Г Т
Н Ш Р Н М П О Л У С Ф Е Р А О Е
Ш М Ч А С С О Л Н Е Ч Н Ы Й Х М
Р У Т М О Н О Р Т С А М Ф Б Ч Н
Ъ Ч Т Д К К А Т М О С Ф Е Р А О
Н Е Б Е С Н Ы Й Ы М И Д И В Я Т
Ю Т Е Щ Ф Ь Ъ В Е Ч Н О С Т Ь А
```

АСТЕРОИД	ГОРИЗОНТ
АСТРОНОМ	ШИРОТА
АСТРОНОМИЯ	ЛУНА
АТМОСФЕРА	ОРБИТА
НЕБЕСНЫЙ	НЕБО
КОСМИЧЕСКИЙ	СОЛНЕЧНЫЙ
ТЕМНОТА	ТЕЛЕСКОП
ВЕЧНОСТЬ	ВИДИМЫЙ
ГАЛАКТИКА	ЗОДИАК
ПОЛУСФЕРА	

21 - Mammals

```
Ъ Н У Е Т Ж К Ъ Ф Х Ь Б В Ж К А
Ч Ы Ъ Ж Д Я Д Ч Ж Д В И Ц А Ж О
К О А Я И А Ч Е Х Х Т Ч П К Т Ю
М В Б Щ П Ы Ж В Л Ж В Ж Ф Ш Ю М
Щ Д Г Ы П У Л Ы Г Ь Д А Ш О Л Щ
Т Ы П Ж К И Л О Р К Ф С Б К М Т
Ф О О Б Е З Ь Я Н А Ч И Ю О Е Б
Ъ В Е Л Г О Р И Л Л А Л Н Й Д Щ
К Ц Б Г М Ш Д Ъ Д Ц Р А Ц О В Ш
Е А О В Н А Л Ю У К Б Ш Л Т Е Н
Н К Б Р О Г П Ц К Д Е Х Л И Д Ц
Г А Р Ъ Х Л Ю Н Ю П З Г В К Ь У
У Б П Х Л Д К Щ М П М Ч В Ш М А
Р О Л Х П Г А Е Х М Д Ь Ф Д Р Х
У С Ж И Р А Ф С Л О Н Д Ы У Г
Я Ы К М Я А А Е Л Ъ Т Т И Н Г Ы
```

МЕДВЕДЬ	ГОРИЛЛА
БОБР	ЛОШАДЬ
БЫК	КЕНГУРУ
КОШКА	ЛЕВ
КОЙОТ	ОБЕЗЬЯНА
СОБАКА	КРОЛИК
ДЕЛЬФИН	ОВЦА
СЛОН	КИТ
ЛИСА	ВОЛК
ЖИРАФ	ЗЕБРА

22 - Fishing

```
О  С  Е  З  О  Н  М  Ы  Т  В  У  А  Р  С  П  Ц
Т  Б  Х  Е  Ш  Ы  Щ  О  Е  Д  Ш  Е  П  Г  Р  В
Ш  Ю  О  Ы  С  Е  В  Ю  Р  Б  Г  И  О  Ю  И  В
Ю  П  Ъ  Р  Р  Е  К  А  П  В  Щ  Н  В  Ш  М  Ш
В  Д  Я  Б  У  Л  Т  Л  Е  О  Ъ  Е  А  Т  А  Д
В  Е  С  А  Ц  Д  С  С  Н  Д  О  Ч  Р  Д  Н  Т
П  Ф  Ж  Ъ  Ф  О  Ф  И  А  Н  И  Х  И  К  Ъ
Л  Н  О  З  Е  Р  О  В  Е  Ж  Ф  Л  Б  Ч  А  Ы
Ч  О  Л  Я  М  К  П  Е  А  Ы  И  Е  К  Р  Ю  К
Е  Ч  Д  Т  Ч  О  Л  Р  Г  Н  К  В  Ц  В  К  Б
Л  М  О  К  Ь  Р  Я  Ю  Р  А  И  У  Р  Ц  Т  Ъ
Ю  Ч  В  Ч  А  З  Ж  И  Н  Е  Н  Е  Б  Л  Ч  К
С  Л  О  Г  Л  И  Ъ  Л  Н  К  В  Р  Ю  Ъ  Р  Р
Т  Ш  Р  Щ  Г  Н  П  О  Ц  О  А  П  И  Ж  Б  Е
Ь  Ю  П  С  Я  А  С  Г  Л  Н  Л  А  Ы  М  Н  Щ
Ъ  Ь  С  Я  Р  М  Г  Л  С  Щ  П  Д  Ъ  Ф  Л  Р
```

ПРИМАНКА	ЧЕЛЮСТЬ
КОРЗИНА	ОЗЕРО
ПЛЯЖ	ОКЕАН
ЛОДКА	ТЕРПЕНИЕ
ПОВАР	РЕКА
ОБОРУДОВАНИЕ	ВЕСЫ
ПРЕУВЕЛИЧЕНИЕ	СЕЗОН
ПЛАВНИКИ	ВОДА
ЖАБРЫ	ВЕС
КРЮК	ПРОВОД

23 - Bees

```
Ц Б Я Р Ъ А Я Я Д О Ю Ы У Ц Б М
Т У Ц Щ А В Е Л О Р О К Ш Ю И Д
Ъ Х Ы Н К З Ф Ж Е Ш Ч С П Ь Н М
Ч Н Д Ц Ю Ч Н Ы Ц Д Ш О У Р Д Щ
М Н Ю Ы Н Т В О Т В А В Ы Т Н Ч
Ч Х Л И Н Е О М О К Е С А Н П Р
Ш К П П С А Д Ы Д Б О Т А Р Ы А
М Х Д Ж В М К Д Н О Р Ы Ы О Л С
Щ Б Ч Я Ы Е В С А Я У А Х Д Ь Т
Л В Т Ш Г Т К У Р Ф Ь А З Д Ц Е
У Л Е Й О С Ь Ы Ц М Ъ И Я И А Н
Ф К В О Д И Ц В Е Т Е Н И Е Е И
М Е Д Р Н С К Р Ы Л Ь Я К С Ю Я
Щ С Б Ф Ы О О П Ы Л И Т Е Л Ь Р
Р Л Е Д Й К Ч С О А Г П В В С Б
Ж Ь Е Ъ Ш Э С О Л Н Ц Е Ц В И Д
```

ВЫГОДНЫЙ	НАСЕКОМОЕ
ЦВЕТЕНИЕ	РАСТЕНИЯ
РАЗНООБРАЗИЕ	ПЫЛЬЦА
ЭКОСИСТЕМА	ОПЫЛИТЕЛЬ
ЦВЕТЫ	КОРОЛЕВА
ЕДА	ДЫМ
ФРУКТ	СОЛНЦЕ
САД	РОЙ
УЛЕЙ	ВОСК
МЕД	КРЫЛЬЯ

24 - Weather

```
О Г Ш К Т Ъ А Т М Т П Т Р П Д З
О Ш У С Д Н М У С Я Н Ц Е О Ь А
С К Ч Ч П К О Д А Н Р О Т Л Б С
Х Я Л М Щ Г Б Ь Х А Т П Е Я Б У
Т Р О П И Ч Е С К И Й Р В Р Р Х
О У К М О Л Н И Я Ц О А К Н И А
П Б А Д О У И Н Ф Н Х Д Н Ы З Ю
Д Ъ Л П Г Р Х А Щ В У У Л Й О А
Ш Я Б А Н Я Г М Т М С Г Ж Ж Ж И
К Ч О Ы Ч Ж В У Н М Х А С Ы И Д
У Л Ь Т У У Ь Т Ъ Г О Ш О Я К Ч
Р Ю И М У С С О Н Ц А С Ж Л Ю П
А Ы Е М П Х Д И Я Ц Д Ж Ф Р Л П
Г Ц Ж Г А Р У Т А Р Е П М Е Т А
А Ъ Х А Ю Т М М Т Р Л К Ц У Р Ъ
Н О Л И Ы М Н Ф Ъ Х К Ш К Т И А
```

АТМОСФЕРА	МУССОН
БРИЗ	ПОЛЯРНЫЙ
КЛИМАТ	РАДУГА
ОБЛАКО	НЕБО
ЗАСУХА	БУРЯ
СУХОЙ	ТЕМПЕРАТУРА
ТУМАН	ГРОМ
УРАГАН	ТОРНАДО
ЛЕД	ТРОПИЧЕСКИЙ
МОЛНИЯ	ВЕТЕР

25 - Adventure

```
Ю Ы Ш С Ц Д К Ъ Р Х Ч С Ю Б Э Б
Х И М А Р Ь Х Р О Г Б Л У Д К Е
О Х Б У Н Т Я Р А Ы А Р Л Б С З
Ц Ы Ж Щ Р С П К А С Д Ч У Ш К О
Щ Ю Ю Ф Г О Е Т Г Б О Ф Я Ы У П
К Т Ш Ч К Д Р Ю О Ч Р Т Щ О Р А
Ш В М Д Ъ А А Ф Л Ю И О А Ы С С
Ю И Х Т У Р Ш Р А М Р Т С Ь И Н
П О Д Г О Т О В К А П К П Т Я О
Н О В Ы Й Ы Н С А П О Ю Р С Ь С
Д Е Я Т Е Л Ь Н О С Т Ь О О Д Т
Ь В О З М О Ж Н О С Т Ь Б Н Р Ь
Э Н Т У З И А З М Ш Ъ Т Л Д У В
Н А В И Г А Ц И Я Я Е Н Е У З А
Н Е О Б Ы Ч Н Ы Й Т Е Ь М Р Ь Ф
П Ы Ф Х Ш Ь О А И Е Б Б Ы Т Я Ш
```

ДЕЯТЕЛЬНОСТЬ	МАРШРУТ
КРАСОТА	РАДОСТЬ
ХРАБРОСТЬ	ПРИРОДА
ПРОБЛЕМЫ	НАВИГАЦИЯ
ШАНС	НОВЫЙ
ОПАСНЫЙ	ВОЗМОЖНОСТЬ
ТРУДНОСТЬ	ПОДГОТОВКА
ЭНТУЗИАЗМ	БЕЗОПАСНОСТЬ
ЭКСКУРСИЯ	НЕОБЫЧНЫЙ
ДРУЗЬЯ	

26 - Restaurant #2

```
С П У Г К И Д Л Ф Б О Щ Л Р С Т
Ч О О Е Д Е Б О Ы Е Ж Л Г Ы А Н
Ы М Л О Е Т Щ Ж Ж Д Д Г Ж Б Л Т
Х Х А Ь Л Х Т К У Р Ф М Е А А О
Ю О Ъ У П Е Ш А Ш П А Л С С Т Р
Ы Е Ь Ж Н Ю Ф К К И Е Р Х Т П Т
Ь Н А Ь Ф Ы Ж Л О С Л М М М У Г
Ш Р Л Р Л Ш Ф И Т Р У В Щ А Ч Л
Б Ь Ж Ц Щ М У В И Ъ Ъ К Ъ Ф В У
О Ф И Ц И А Н Т П Ж Ю Х А Ц Й Я
О Р И Ю О Д В Ш А Т Ш У К З О К
С Ш Ц О Ш О О У Н Ы Ц Б Ж Н Н Д
У Б Е М Г В Ш А Ж М Ж Е С Т Е
П Н П Н Ю О В О Щ И Е Я Ж Б Я П
С У С О Ы Щ Т Н О Ъ Д К Ю Б К Н
В К У С Н Ы Й И Ъ О А Ч Р Б Ъ Ы
```

ЗАКУСКА	ЛЕД
НАПИТОК	ЛАПША
ТОРТ	САЛАТ
СТУЛ	СОЛЬ
ВКУСНЫЙ	СУП
ОБЕД	СПЕЦИИ
ЯЙЦА	ЛОЖКА
РЫБА	ОВОЩИ
ВИЛКА	ОФИЦИАНТ
ФРУКТ	ВОДА

27 - Geology

```
Й  Е  И  Н  Е  С  Я  Р  Т  Е  Л  М  Е  З  С  Ы
И  Х  Н  Я  Ч  Ы  Л  Л  А  Т  С  И  Р  К  Т  Г
Ц  С  А  Ц  Р  А  В  К  Ы  Р  С  Н  А  И  А  Н
Ь  Ю  К  С  И  Я  Ц  Ь  Л  О  С  Е  Щ  Ш  Л  Ж
Л  К  Л  О  Ь  К  Д  Ъ  А  Г  Ф  Р  Ц  Ы  А  У
А  Л  У  Ц  П  И  Л  Я  В  Ф  Г  А  И  Щ  К  Р
К  Т  В  Я  Т  А  Ц  Ы  А  Щ  Е  Л  Т  П  Т  Ю
Ж  О  Й  Ш  Ч  П  Е  С  У  О  Й  Ы  Ы  У  И  Ж
Э  Р  О  З  И  Я  Л  М  Г  Щ  З  Ы  С  О  Т  С
Ч  Ф  Л  М  Ш  Я  Л  А  О  М  Е  М  Г  К  Р  И
Ч  Ц  С  О  М  Е  А  Ы  Т  Е  Р  Е  В  Ы  Ч  П
У  Г  И  К  Ж  М  Р  Д  Щ  О  Ъ  Ю  Ф  Ж  Ф  Е
Ш  Т  У  Ш  Ф  Г  О  Ч  К  И  С  Л  О  Т  А  Щ
Н  Р  Х  С  М  Е  К  А  Г  П  М  Р  Б  В  И  Е
К  О  Н  Т  И  Н  Е  Н  Т  К  А  М  Е  Н  Ь  Р
Т  М  Щ  П  О  Д  М  Р  М  Ы  Ы  Е  У  Р  Н  А
```

КИСЛОТА	ГЕЙЗЕР
КАЛЬЦИЙ	ЛАВА
ПЕЩЕРА	СЛОЙ
КОНТИНЕНТ	МИНЕРАЛЫ
КОРАЛЛ	ПЛАТО
КРИСТАЛЛЫ	КВАРЦ
ЦИКЛЫ	СОЛЬ
ЗЕМЛЕТРЯСЕНИЕ	СТАЛАКТИТ
ЭРОЗИЯ	КАМЕНЬ
ИСКОПАЕМОЕ	ВУЛКАН

28 - House

```
К К В У Ш У К Г В С Я Ц Ю Ъ Х С
А О Р И Щ Р У А А Т А Н М О К А
М О Д Ы У Ц Х Р Е Е Ъ М У Л Ы Д
И Ю У И Ш Ф Н А Ч Н Е Д Л А Г Т
Н О Ш Р Б А Я Ж Е А Ц Ы А К Ь Ъ
Ъ Р Ь Ж К У С А Р М Ц Е М Р О Х
И Н Е У Ф Ъ Г Я Д Ж З О П Е К Ю
Б Е Т Х Ш О Б Ф А Ш А М А З Н К
С У Д М Ч Л Е Д К Т Б С И Я О О
Ъ О Д Ч Е Ь Х И Х О О М Ц Т Т Л
У Б Ц У Н Б Щ Ч Ц Р Р Н Е Ш У Ш
И Л Г Е Ч Э Е Ю Ш Ы Щ И Ж Т П Ь
Б Б Ж Я Ю Т Р Л А Ч С Н Н Т Л Д
П К П Ж Е А У К Ь Р Е В Д Н М А
Р С Ж Ч И Ж Л Ч Я Б Ш С Х Р Д Ю
Б И Б Л И О Т Е К А Щ Т Е Е У Ф
```

ЧЕРДАК	КЛЮЧИ
МЕТЛА	КУХНЯ
ШТОРЫ	ЛАМПА
ДВЕРЬ	БИБЛИОТЕКА
ЗАБОР	ЗЕРКАЛО
КАМИН	КРЫША
ЭТАЖ	КОМНАТА
МЕБЕЛЬ	ДУШ
ГАРАЖ	СТЕНА
САД	ОКНО

29 - Physics

```
Ь Х Х Я Ф Ч Р Ж Ш Ь Д Ы О П Ч М
П Г И С Д Ь И А И Ц И Х Я Ж А Е
Ч Ж М К С Е Л Ю С Ш Г А У И С Х
М П И О Т Т Р О Е Ш Ш О К Ъ Т А
Э Л Ч Р Ц Н Ц Н Х Л И С Н О И Н
Л О Е О О Е Ш Ь Ы Ф Е Р Г Ю Ц И
Е Т С Ъ М О Т А Й Я Т Е А А К
К Н К Т Е И Н Е Р О К С У Н З А
Т О И Ь Д Р Щ Щ И П А Ш Ъ Я И О
Р С Е Г Ц Е М А Г Н Е Т И З М Е
О Т Н Т Л П Д В И Г А Т Е Л Ь К
Н Ь У Ф А С С А М Г Ф Ъ В Ю Ы Б
Ц М О Л Е К У Л А Т О Т С А Ч Ы
Щ Е В Ц У Э Ф О Р М У Л А М Н Я
У Н И В Е Р С А Л Ь Н Ы Й С Т С
Щ А Ч Ы В Ю У В Д Ц Е Р С Е Р Н
```

УСКОРЕНИЕ	ЧАСТОТА
АТОМ	ГАЗ
ХАОС	МАГНЕТИЗМ
ХИМИЧЕСКИЕ	МАССА
ПЛОТНОСТЬ	МЕХАНИКА
ЭЛЕКТРОН	МОЛЕКУЛА
ДВИГАТЕЛЬ	ЯДЕРНЫЙ
РАСШИРЕНИЕ	ЧАСТИЦА
ЭКСПЕРИМЕНТ	СКОРОСТЬ
ФОРМУЛА	УНИВЕРСАЛЬНЫЙ

30 - Dance

```
Б А Р У Т Ь Л У К Л И Ц А Ч Ц Ж
Ш З Е Ю Я К А К А Д Е М И Я Ц Ц
Ю О П Ц М У А Ъ В М Ф У Н У Я Т
Ъ П Е К Ю Л Г У К Т Ф Ш Ь В И Р
Ь Щ Т И Н Ь П Ы О Б Х Х Л Р Ф А
Е Р И О В Т С С У К С И Ъ Р А Д
В Ю Ц Ш С У Д Ч П А Р Т Н Е Р И
Р Я И Ц А Р Г В Ю В Ц Ь Ъ Я Г Ц
А Я Я М Х Н О Ф И М О П П Я О И
Д Х С И У Ы Ц Т Г Ж Щ Ф Ж Ф Е О
О Л Е Т Ц Й Щ У Ж И Е Ю Ъ Ю Р Н
С Ж С С Ф О Д П А Р Ь Н С Ъ О Н
Т Р С Л Ж Т М Ц Г Ю И Б И Ъ Х Ы
Н Ш Х Г Ш Ш П Э Л Л К Т Ц Е К Й
Ы М У З Ы К А К Ф Г И Т М Т Н У
Й И К С Е Ч И С С А Л К Ч Н П Ж
```

АКАДЕМИЯ	РАДОСТНЫЙ
ИСКУССТВО	ДВИЖЕНИЕ
ТЕЛО	МУЗЫКА
ХОРЕОГРАФИЯ	ПАРТНЕР
КЛАССИЧЕСКИЙ	ПОЗА
КУЛЬТУРНЫЙ	РЕПЕТИЦИЯ
КУЛЬТУРА	РИТМ
ЭМОЦИЯ	ТРАДИЦИОННЫЙ
ГРАЦИЯ	

31 - Coffee

```
Ж  Н  Ж  М  Ш  Ч  Е  Р  Н  Ы  Й  Ь  Ф  М  Р  Я
Т  И  А  А  Г  Г  К  О  Ф  Е  И  Н  И  Г  М  Ь
Л  Ю  Д  П  Р  Л  Е  Р  Р  И  Ы  Я  Л  О  О  Х
М  Б  О  К  И  Е  Е  Т  Ж  Н  П  И  Ь  Р  Л  Ц
Р  П  В  П  О  Т  Н  У  В  Е  И  Ъ  Т  Ь  О  Ъ
В  К  У  С  Ь  С  О  Ы  Ю  Д  Т  Р  Р  К  К  Ч
У  В  Ж  Ф  К  И  Т  К  Й  Ж  Ь  Е  Ш  И  О  А
Ш  Е  Ь  Л  Ж  Я  Я  Ь  Т  О  Л  О  М  Й  Ф  Р
Х  Е  И  Н  Ч  Р  О  Ы  Ф  Х  Т  В  И  А  Г  О
Д  О  М  С  С  Ф  Ж  О  И  С  Щ  Ы  А  К  Т  М
М  П  П  Ы  К  Ы  Л  Н  Т  И  А  К  К  Д  Ь  А
П  Ь  Д  Н  У  Ы  Н  Н  Е  О  Ю  Х  Ш  А  Х  Т
Н  Д  Р  Б  Г  Б  Р  И  Ю  Р  А  Х  А  С  Н  И
А  М  Ф  К  О  Ч  У  Е  С  П  Н  Т  Ч  И  Ы  О
Н  Ь  Ъ  Т  Ю  К  Г  Ы  Я  М  Е  Р  К  Ц  М  Т
Ш  А  Д  Ш  Г  У  А  Ъ  Ц  Ш  Ц  П  Х  Ч  Щ  Л
```

АРОМАТ	ЖИДКОСТЬ
НАПИТОК	МОЛОКО
ГОРЬКИЙ	УТРО
ЧЕРНЫЙ	ПРОИСХОЖДЕНИЕ
КОФЕИН	ЦЕНА
КРЕМ	ЖАРЕНЫЙ
ЧАШКА	САХАР
ФИЛЬТР	ПИТЬ
ВКУС	ВОДА
МОЛОТЬ	

32 - Shapes

```
К А О Т Р Е У Г О Л Ь Н И К Х П
С О Е В Я Ч У Г Н Г И У Щ Л Д О
Ч О Н Ю А Д И М А Р И П Н Ж Ъ Л
Ь И В У Ь Л Х И Ы М Х Ш Т Н Т И
Ш С Ш М С О Ь Ш М Е Я Ю Д П Т Г
П Л О Щ А Д Ь Н Г У М Б У К Ш О
А П Р Д Ь О С М Ы Б Л О Г У Ф Н
Л С Г Т Я И Х К Р Й Ф Г А У Л Ю
О Б А И Ю Я Р О Е А Н О Р О Т С
Б К В О Б М Л Я Е Ф П А Е Ю Е Р
Р Д Н И Л И Ц Ъ О О Щ М Ф В Т Е
Е Ы Ы Л И Н И Я А Р К З С И О Ы
П Р Я М О У Г О Л Ь Н И К З Р А
И Э Л Л И П С У Ч А У Р К Г Ь Ж
Г П Ж Ъ Х Ф Г Е Р Ы Н П А И Ъ Я
Ж Т М В Н Л Щ И П К Н И Ш Б П В
```

ДУГА	ЛИНИЯ
КРУГ	ОВАЛЬНЫЙ
КОНУС	ПОЛИГОН
УГОЛ	ПРИЗМА
КУБ	ПИРАМИДА
ИЗГИБ	ПРЯМОУГОЛЬНИК
ЦИЛИНДР	СТОРОНА
КРАЯ	СФЕРА
ЭЛЛИПС	ПЛОЩАДЬ
ГИПЕРБОЛА	ТРЕУГОЛЬНИК

33 - Scientific Disciplines

```
Щ Я Т Ь П И М Ъ Ъ К Ы Д О Я М А
Д И Х В Ш С Я Е Х Б Ч О Т И И С
Щ Г С Д Ж Ч И В Х У Ю В И М Н Т
У О У О Я Ъ Г Х Ю А Ъ Ю Д О Е Р
О Л В Б И Б О С О Ы Н С Л Т Р О
Т О Ъ Ъ Г Ю Л Б Ч Л Ш И У А А Н
Ф И З И О Л О Г И Я О К К Н Л О
Г З О Ю Л С Е К Б И Х Г Н А О М
Е Е В Ь О О Х Р И М У Х И У Г И
У Н О Ф И Б Р Б О И Ц А К Я И Я
Д И П Л Ц А А Ш Л Х Р Х Ю У Я Х
Ф К Е Р О Я И Г О Л О Н У М М И
В В Е Б С Г Я И Г О Л О Р В Е Н
В А Г Ц Щ Я И М И Х О И Б Т К Х
И М Н О Е Д О Я Я И Г О Л О К Э
Л И Н Г В И С Т И К А Т Н Д О А
```

АНАТОМИЯ	КИНЕЗИОЛОГИЯ
АРХЕОЛОГИЯ	ЛИНГВИСТИКА
АСТРОНОМИЯ	МЕХАНИКА
БИОХИМИЯ	МИНЕРАЛОГИЯ
БИОЛОГИЯ	НЕВРОЛОГИЯ
ХИМИЯ	ФИЗИОЛОГИЯ
ЭКОЛОГИЯ	ПСИХОЛОГИЯ
ГЕОЛОГИЯ	СОЦИОЛОГИЯ
ИММУНОЛОГИЯ	

34 - Science

```
И И Л Л Л Ц Щ Ь Х Т А М И Л К Г
С Э Ц У М Я Х А В И Р Е И Л А И
К А К И З И Ф У Ц Я Ы Т К А Ф П
О А Б С Д А Н Н Ы Е Л О Л Х Л О
П Ы М К П О Б С В Ч У Д Л Б А Т
А Л Н Р У Е Г Щ П А К И Н Ш Б Е
Е А Д О Р И Р П П Ц Е Б М Р О З
М Р Е О Н К Я И Ц Ю Л О В Э Р А
О Е О Ш Ч С Я А М В О Р И Л А Ж
Е Н Р И С Е Я Е Т Е М П Ч К Т Е
Ь И Г Ъ Ш Ч В Ц М О Н Е В С О Ю
У М А Ы Ц И Т С А Ч М Т Ь У Р Ъ
Ш Ы Н Е Г М У Ч Е Н Ы Й Ь С И Ц
Р Д И С Я И Н Е Т С А Р К Т Я Щ
Ь К З Л С Х Г Р А В И Т А Ц И Я
А О М Ы Л Ц М Ц Б М Ж П П Ы В Щ
```

АТОМ	ЛАБОРАТОРИЯ
ХИМИЧЕСКИЕ	МЕТОД
КЛИМАТ	МИНЕРАЛЫ
ДАННЫЕ	МОЛЕКУЛЫ
ЭВОЛЮЦИЯ	ПРИРОДА
ЭКСПЕРИМЕНТ	ОРГАНИЗМ
ФАКТ	ЧАСТИЦЫ
ИСКОПАЕМОЕ	ФИЗИКА
ГРАВИТАЦИЯ	РАСТЕНИЯ
ГИПОТЕЗА	УЧЕНЫЙ

35 - Beauty

```
Ф М К Э В К М У М Р Ф Ж В П Э Р
О И Ъ О Л Г О Л А К Р Е З Р Л Н
Т Я Ж У С Е Р Б С М И П Ф О Е Л
О Ж В М У М Г Б Л Я Я Н О Д Г О
Г Г Ь М Л И Е А А Ж Ы О В У А Ч
Е П Р Т М П Я Т Н К Щ Р В К Н А
Н Я М А И Г Ы Т И Т Е В Ц Т Р Р
И Ъ Ж М Ц Л Ц Я Г К Н Л Я Ы Н О
Ч З Ь О Ы И Р Д У К А О Г Ь Ы В
Н А Ш Р С Ф Я Щ Л П Щ Ю С П Й А
Ы П Ш А Д Е И Я С Г Ш Я Т Р Н
Й А Д А М О П Ш У Б Х Б Е П Ь И
К Х К О Ж А С О Н О Ж Н И Ц Ы Е
Ш А М П У Н Ь Г Л А Д К И Й Р Я
Ц Ь У Ю Ч Ы В В Ш И Р Я Ю Я Щ
М С Т И Л И С Т Е Я П М Д В Ю Ф
```

ОЧАРОВАНИЕ	МАСЛА
ЦВЕТ	ФОТОГЕНИЧНЫЙ
КОСМЕТИКА	ПРОДУКТЫ
КУДРИ	ЗАПАХ
ЭЛЕГАНТНОСТЬ	НОЖНИЦЫ
ЭЛЕГАНТНЫЙ	УСЛУГИ
АРОМАТ	ШАМПУНЬ
ГРАЦИЯ	КОЖА
ПОМАДА	ГЛАДКИЙ
ЗЕРКАЛО	СТИЛИСТ

36 - Clothes

```
О Г Ф Н М О Д А М А Ж И П В Д Ф
Л С А П Я Л Ш Д Е Т Ж Ь У М Б Е
М А Р Е Т И В С Ж О Л К У К Ж Л
Ф Щ Т Ш А Р Ф Я И И Л А Д Н А С
П Ж У К У Р Т К А И Н Ж Е О З М
Ы Е К Ь Р У Б А Ш К А С Ж Ю У Х
Л Е Р Е С И В Ч У А Г Р Ы Ш Л Ш
Ш С Ш Ч А Б Р Ю К И А Л П Р Б Ь
Ю Я Я Г А Ы С У Ю М Х И Н И У Т
Я О О Г Ч Т Ю Б К А П Л О Т И Б
О П У Я М Ц К Ф Я Е О А И П Ц Н
Ъ Л Ы В Л Ю Щ И М У Б Д Л К С Ъ
Ы А Б О Е С Н О Е А У И Ь Ь Ч Ь
М Т М Б Р А С Л Е Т В Р В П Т Ж
Д Ь Л Ч Я В Х Ш О С Ь Х Ш Б Щ О
Г Е Ь Л Е Р Е Ж О Т Х Ю Ы Д Х Ь
```

ФАРТУК	ДЖИНСЫ
ПОЯС	ОЖЕРЕЛЬЕ
БЛУЗА	ПИЖАМА
БРАСЛЕТ	БРЮКИ
ПАЛЬТО	САНДАЛИИ
ПЛАТЬЕ	ШАРФ
МОДА	РУБАШКА
ПЕРЧАТКИ	ОБУВЬ
ШЛЯПА	ЮБКА
КУРТКА	СВИТЕР

37 - Insects

```
Ч Ф Р С П Ъ Х Б Д Ч Ф И Е К И Б
Т Ь М Е Е Ф В Ч Ъ Е Ь У С У У О
О А Л Е Ч П Ы О Г Р Б О Т З Ц Ж
Д С Р Ц И К А Д А В А И Р Н Щ Ь
Л О Н А А Ы Ч Л Л Ь В И Е Е Ъ Я
Б Х Щ С К С Ц Й О Ч Ы Д К Ч О К
С Щ Е Ш Н А Т Е Р М И Т О И Т О
Т С Ш Л И А Н В С Л О М З К Л Р
Б А Б О Ч К А А А И Ж Г А Ю Я О
Б А Е Л И Г Ь Р Р В Ъ Г О Ъ Р В
Щ К С Щ Л Ю Х У А Б Б Ц У Б Н К
А Ч И Т С Ь Ъ М Н К Л Ь О Ы Н А
Ш Е Р Ш Е Н Ь Ъ Ч О О Д В Ж Р У
Т Ж Ц С Г Я Ь Л А М Х Ъ П Н Ы П
Ш Ч Е Ш Т Б Б Д Ь А А Д В Ж Ь М
К Ъ С Ы Л М Д А У Р Ь Ю Е Ж Н Ъ
```

МУРАВЕЙ	ШЕРШЕНЬ
ТЛЯ	БОЖЬЯ КОРОВКА
ПЧЕЛА	ЛИЧИНКА
ЖУК	САРАНЧА
БАБОЧКА	БОГОМОЛ
ЦИКАДА	КОМАР
ТАРАКАН	ТЕРМИТ
СТРЕКОЗА	ОСА
БЛОХА	ЧЕРВЬ
КУЗНЕЧИК	

38 - Astronomy

```
Ж А Х С М Н Ш Е К Е Щ Д Г М Е У
Н С Е И В Т С Н Е Д О Н В А Р Р
Е Т Ш Г В Е Б П Е И Н Е М Т А З
Б Р А Д И О Р Е Т С А П Е Е К Щ
О О К Ш Е С Ж Х П Ш Ь Т Н И Ч
Ъ Н О Ж Ы Е И Б Н Я Г У Е А Т Ц
М О Р Ы П К А И Д О З Ш О Л К Л
Р М Ш Г О У Ш И Ж С В Д Р П А У
С О З В Е З Д И Е О А А Б У Л Н
А Б Ь Т С О Н Н А М У Т Я Н А А
Ы С Т В А Н О Р Т С А Г Е А Г У
С П У Т Н И К Я А О П О Д К З Д
И З Л У Ч Е Н И Е К Б П Ъ Ь Е И
Ю Т Я И Р О Т А В Р Е С Б О М Ч
Ъ Щ Ю Т С Ф Д Ы Р Х Ч Т Ц Ж Л А
Щ Е Е Р Ю Щ И К Н О И В А Х Я И
```

АСТЕРОИД	ЛУНА
АСТРОНАВТ	ТУМАННОСТЬ
АСТРОНОМ	ОБСЕРВАТОРИЯ
СОЗВЕЗДИЕ	ПЛАНЕТА
КОСМОС	ИЗЛУЧЕНИЕ
ЗЕМЛЯ	РАКЕТА
ЗАТМЕНИЕ	СПУТНИК
РАВНОДЕНСТВИЕ	НЕБО
ГАЛАКТИКА	СВЕРХНОВАЯ
МЕТЕОР	ЗОДИАК

39 - Health and Wellness #2

```
Л Ю Д О С Я О М Я И М О Т А Н А
М Я Е В Т И Т Е П П А Б Х И А Ц
И Ь Н Т Р Р М Я И Г Р Е Н Э С И
Ф Н А Х Е О А В С Л Ч З Р Д Т Н
Н З Ф Е С Л С У Ж Ы Ы В Е А Р Ь
А Е Ь Е С А Н Д У Ю О П Ж О Л
Т Л Щ Щ К К А У Ю Ъ Ж И У Е О
Е О Л Ж Д Ц Ж Р С Ч О И Т М Н Б
И Б Ж Е Щ Н И М А Т И В А А И М
Д Б Ю Ж Р Н А Я Р Н Х А Н Г Е Ъ
Л Ц Н Ь М Г Щ В В Ф Е Н И Ш Ц О
Ю Ш О И Е Н И Р Е Ш М И Е Ш Ш О
Ш К Р О В Ь Б Я С Я Д Е Г Д У И
Г Е Н Е Т И К А Ь Л А Ж Ы И Н Ж
З Д О Р О В Ы Й М Ю Щ Ц Р Я Г М
О Г Ю Б М Ь С Д Е Т С И К А Р С
```

АЛЛЕРГИЯ	ЗДОРОВЫЙ
АНАТОМИЯ	БОЛЬНИЦА
АППЕТИТ	ГИГИЕНА
КРОВЬ	ИНФЕКЦИЯ
КАЛОРИЯ	МАССАЖ
ОБЕЗВОЖИВАНИЕ	НАСТРОЕНИЕ
ДИЕТА	ПИТАНИЕ
БОЛЕЗНЬ	СТРЕСС
ЭНЕРГИЯ	ВИТАМИН
ГЕНЕТИКА	ВЕС

40 - Disease

```
Г Е Н Е Т И Ч Е С К И Й П Ц Б И
Р Ц К Д И Ц Т Ш Л М Ж С О С А М
Ч Д Ы Х А Т Е Л Ь Н Ы Й Я Е К М
Е Б Ф М Ч Н Ь Ы Ж Р Ю И С Р Т У
Ш Ш Р Г Ы Ю В Ф Я Ъ Я К Н Д Е Н
С Н Й Ы Н Ч О Г Е Л Й С И Ц Р И
К З А Ю Ч С Р Т Е Л О Е Ч Е И Т
А О А Л А Ц О Б Ь О Н Ч Н С А Е
Т П С Р Л Ы Д Б С В Ш И Ы И Л Т
И Я О Т А Е З Х У Д Ю Н Й Н Ь Б
Ы С Ч Т И З Р Р Ж С Р О С Д Н Ж
С Л А Б Ы Й Н Г Ь Ц Б Р Ф Р Ы Ш
Т Е Р А П И Я Ы И Щ Е Х М О Й Ш
Д Л М В Ы К Щ Ф Й И С О И М Ъ Ш
В О С П А Л Е Н И Е К Р Н С О Д
Н Е В Р О П А Т И Я О С Т Р Ы Й
```

БРЮШНОЙ	СЕРДЦЕ
ОСТРЫЙ	ИММУНИТЕТ
АЛЛЕРГИИ	ВОСПАЛЕНИЕ
БАКТЕРИАЛЬНЫЙ	ПОЯСНИЧНЫЙ
ТЕЛО	НЕВРОПАТИЯ
КОСТИ	ЛЕГОЧНЫЙ
ХРОНИЧЕСКИЙ	ДЫХАТЕЛЬНЫЙ
ЗАРАЗНЫЙ	СИНДРОМ
ГЕНЕТИЧЕСКИЙ	ТЕРАПИЯ
ЗДОРОВЬЕ	СЛАБЫЙ

41 - Time

```
М Е Ц Щ Х Б С Ч М Т А Ф Ъ Л Ь С
Л И А Н Ф С Ь Р А Д Н Е Л А К Е
К Я Н Т Ш Ц Ч Х С С А Ч Й Е С Г
Б С Н У Х В О Н Е Д Е Л Я Е К О
Ц О К Ч Т Н Н Ц М О Е Ц Ж Щ Ы Д
Ы Р О Ъ Р А Ы Я Т Г Ы Г А У И Н
А Щ Ф М Ъ Ь Ы С А Ч Г Ъ Д Д Ъ Я
Л К Ж Р П Ч В Е К Ф О О О У Ч Е
Х У А А А Л С М Х У Е Ь Р Б Ы Ж
К Л Р Ч Я С А Д Р Н Л Ц Т Ц Ж Е
Г С А Ш У Ц В У Е Ф К Ы У Ш В Г
Ъ Г Н К Ь Ш П У Ь Н Е Д Л О П О
Щ Ж О Р Д В Б К Ц М Ь Ш Е Р Ш Д
Д Е С Я Т И Л Е Т И Е Н Ь О В Н
Е Н Г Р Ь Я С М О У И Н Я К Ф Ы
Л М Р Х Ф Ы Д Ю О Е Т О Т С П Й
```

ЕЖЕГОДНЫЙ	МИНУТА
ДО	МЕСЯЦ
КАЛЕНДАРЬ	УТРО
ВЕК	НОЧЬ
ЧАСЫ	ПОЛДЕНЬ
ДЕНЬ	СЕЙЧАС
ДЕСЯТИЛЕТИЕ	СКОРО
РАНО	СЕГОДНЯ
БУДУЩЕЕ	НЕДЕЛЯ
ЧАС	ГОД

42 - Buildings

```
Я  С  Б  Ь  А  Ц  И  Н  Ь  Л  О  Б  В  Ц  Д  П
Ш  К  О  Л  А  М  К  Ш  Т  Б  Ф  Е  Р  М  А  О
Е  Х  Я  Е  Ф  К  Б  У  Б  А  Ш  Т  С  Х  О  С
А  У  Б  Т  Т  Щ  А  Х  Ш  К  Ж  З  Ы  Б  О  О
С  С  О  О  К  К  К  С  Р  Н  Ы  Ы  А  Ц  С  Л
У  У  Е  Г  Щ  Ь  Я  Т  Ь  Я  Б  К  В  В  Е  Ь
Н  Б  П  Е  И  Т  И  Ж  Е  Щ  Б  О  О  К  Р  С
И  С  Ю  Е  Х  И  Р  Е  Е  Д  К  Б  Д  В  В  Т
В  Р  Т  Щ  Р  Б  О  Н  Д  Ю  Р  Х  Р  А  А  В
Е  Х  А  А  Ъ  М  Т  И  Е  Я  Ц  О  С  Р  Т  О
Р  Ц  Ц  К  Д  Р  А  З  А  М  О  К  Ю  Т  О  Е
С  Б  Я  Т  Т  И  Р  Р  М  У  З  Е  Й  И  Р  В
И  Ч  Ф  А  Е  Ф  О  Ь  К  О  К  Ъ  Б  Р  И  Я
Т  Б  Щ  Л  А  Ж  Б  Н  И  Е  Е  Б  К  А  Я  В
Е  Ч  Ж  А  Т  В  А  Н  Ч  В  Т  Ч  Ж  У  И  Х
Т  Т  Ы  П  Р  Ю  Л  Д  Л  М  Д  Ш  К  И  Н  О
```

КВАРТИРА	ЛАБОРАТОРИЯ
АМБАР	МУЗЕЙ
ЗАМОК	ОБСЕРВАТОРИЯ
КИНО	ШКОЛА
ПОСОЛЬСТВО	СТАДИОН
ЗАВОД	СУПЕРМАРКЕТ
ФЕРМА	ПАЛАТКА
БОЛЬНИЦА	ТЕАТР
ОБЩЕЖИТИЕ	БАШНЯ
ОТЕЛЬ	УНИВЕРСИТЕТ

43 - Gardening

```
Д И К Ч В Ж И И Ы О Ч С И Ф О В
В Ъ Л К К Л О Ю Ф М В Ъ М Б С Р
О Ъ И Х Я П Ц Б Т С Ю Е Й А А Л
Д Г М Л И Ы А Г А Л В Д И В Д И
А Р А В Ч О П Р О М Э О К П Д С
Ц Ж Т Е К У Б Я Л Е К Б С С Ж Т
Р В Й Ы Н Н О З Е С З Н Е О Ю В
Л М Е Б У А Д Ь О И О Ы Ч В А А
Ф С И Т С О П М О К Т Й И Ж У Н
Щ У Н Г О Ч Л У В М И Ы Н Д О Е
М Ф Е Л П Ч Ю А О Ф Ч К А Ш Щ М
Щ С Т Х И Г Н А Л Ш Е Щ Т Л Л Е
Ь Ч Е У А С Т Ы Н Я С Ь О К Ж С
Щ М В А О Х Т У Й Б К Г Б Л Л Ч
А Ь Ц О Д Ъ Я Х Д И И Ш Ю Д Ц А
К О Н Т Е Й Н Е Р А Й Ч А Л Т Х
```

ЦВЕТЕНИЕ	ЛИСТВА
БОТАНИЧЕСКИЙ	ШЛАНГ
БУКЕТ	ЛИСТ
КЛИМАТ	ВЛАГА
КОМПОСТ	САД
КОНТЕЙНЕР	СЕЗОННЫЙ
ГРЯЗЬ	СЕМЕНА
СЪЕДОБНЫЙ	ПОЧВА
ЭКЗОТИЧЕСКИЙ	ВИД
ЦВЕТОЧНЫЙ	ВОДА

44 - Herbalism

```
З Е Л Е Н Ы Й К Ю А А Ц И Ц Ц М
М О И П О Щ Ы Т Щ К Р Л Ч У В А
А Я Ы Т М К К Ч Б Ш О С И Л Е Й
А Ы Т Ы Н Б Щ Н Й У М Н Т И Т О
Е Г И А И А Д Х Ы Р А Ф С С О Р
И Н Г Р Е Д И Е Н Т Т Е У Е К А
О Р Е Г А Н О Ч Д Е И Н К Н Ч Н
Ж Х Н Р О А Щ Л О П Ч Х В С Ц Ш
Д Е Ю Т Т В Т Ю Г Х Е Е Б Ш Щ Л
У Е Г Ш Е А Ь Ш Ы М С Л Р Д Ъ И
Г Б Ю Ъ К Л В Е В М К Ь С А Д П
А Р О З М А Р И Н К И Л И З А Б
К У Л И Н А Р Н Ы Й Й Я М Т К С
Р А С Т Е Н И Е С Я Ъ В Ь О В Е
Л Я Ц Ч Ъ Ц Н Л Д Я А В А Ь Щ Г
Ш А Ф Р А Н О Г А Р Т С Э Ъ Б Ц
```

АРОМАТИЧЕСКИЙ	ИНГРЕДИЕНТ
БАЗИЛИК	ЛАВАНДА
ВЫГОДНЫЙ	МАЙОРАН
КУЛИНАРНЫЙ	МЯТА
ФЕНХЕЛЬ	ОРЕГАНО
ВКУС	ПЕТРУШКА
ЦВЕТОК	РАСТЕНИЕ
САД	РОЗМАРИН
ЧЕСНОК	ШАФРАН
ЗЕЛЕНЫЙ	ЭСТРАГОН

45 - Vehicles

В	А	В	Т	О	М	О	Б	И	Л	Ь	Ь	О	Х	Ю	Д
С	Е	Ю	А	В	Т	О	Б	У	С	Ц	К	Ъ	Ш	В	Ю
М	О	Р	А	П	Щ	Р	О	Т	К	А	Р	Т	М	Ф	Ъ
Т	П	П	Т	П	Я	Т	Г	Ш	О	О	Н	Л	О	П	О
Ю	П	Ъ	О	О	В	Е	Ь	А	Н	Н	У	О	Т	Н	Х
Ж	Я	Д	Л	Е	Л	М	Л	В	Л	В	Ы	Д	О	В	Ц
Б	Р	В	П	А	З	Е	Е	Ю	Е	И	И	К	Р	Е	Ь
С	К	У	Т	Е	Р	Д	Т	М	Ч	Р	Х	А	О	Л	Л
А	И	Д	Ц	Р	Ы	У	А	Т	А	К	С	И	П	О	Р
Ц	В	В	Г	Г	Щ	Н	Г	Ш	Ь	Д	Ч	Т	У	С	С
У	О	А	Ч	Е	Ш	А	И	Р	Ч	К	А	Щ	Х	И	А
С	З	Ъ	И	Г	Е	В	В	Ш	О	Х	А	А	Ю	П	М
С	У	Я	Д	Щ	Я	А	Д	Р	А	К	Е	Т	А	Е	О
Н	Р	Ц	Н	Н	П	Р	С	О	Х	Е	Х	С	И	Д	Л
К	Г	Е	Б	П	Ю	А	Ц	Х	П	Г	Д	Г	Б	Ю	Е
Н	М	Ы	Ж	И	И	К	Ч	Я	Б	К	С	Т	О	Ц	Т

САМОЛЕТ	ПЛОТ
ВЕЛОСИПЕД	РАКЕТА
ЛОДКА	СКУТЕР
АВТОБУС	ЧЕЛНОК
АВТОМОБИЛЬ	МЕТРО
КАРАВАН	ТАКСИ
ДВИГАТЕЛЬ	ШИНЫ
ПАРОМ	ТРАКТОР
ВЕРТОЛЕТ	ПОЕЗД
МОТОР	ГРУЗОВИК

46 - Flowers

Л	И	О	Ь	У	Ь	У	Л	Ж	А	С	М	И	Н	Ш	Ц
Е	С	Р	Б	Р	П	Ф	О	И	Л	У	Е	Р	Ю	О	Ч
П	У	Х	Ц	Ь	Н	А	П	Ь	Л	Ю	Т	У	Ы	Р	Е
Е	К	И	Ч	Н	А	В	У	Д	О	И	Б	У	К	Е	Т
С	С	Д	К	Е	С	Л	У	Е	Я	П	Я	П	Ф	Х	В
Т	И	Е	Ф	Р	К	Т	Щ	Б	Н	Ф	Е	Ш	И	Ь	Ю
О	Б	Я	Ч	И	К	Л	Е	В	Е	Р	Щ	И	Р	О	Ы
К	И	Я	Ъ	С	Я	И	Р	Е	М	Ю	Л	П	О	Т	Н
Ь	Г	Б	С	Ф	И	Б	Ш	Ч	Г	Ц	Ж	Ы	З	Г	Ъ
Д	А	Г	Х	У	Н	Л	О	С	Д	О	П	Ю	А	Ш	И
К	Ъ	Б	В	У	Е	В	Ч	М	Т	И	К	У	Л	Щ	Т
Л	А	В	А	Н	Д	А	К	Т	И	Р	А	Г	Р	А	М
О	Б	М	Л	П	Р	Д	В	П	Е	Ь	Б	Д	Г	О	Ь
Ю	П	Г	А	Ч	А	Л	У	Д	Н	Е	Л	А	К	В	Д
А	Р	Ю	Ы	Щ	Г	О	Ц	Г	Т	Ф	В	Б	К	Ш	М
М	А	Г	Н	О	Л	И	Я	К	Я	Ю	Д	Д	Щ	Г	Д

БУКЕТ	ЛИЛИЯ
КАЛЕНДУЛА	МАГНОЛИЯ
КЛЕВЕР	ОРХИДЕЯ
МАРГАРИТКА	ПИОН
ОДУВАНЧИК	ЛЕПЕСТОК
ГАРДЕНИЯ	ПЛЮМЕРИЯ
ГИБИСКУС	МАК
ЖАСМИН	РОЗА
ЛАВАНДА	ПОДСОЛНУХ
СИРЕНЬ	ТЮЛЬПАН

47 - Health and Wellness #1

```
Ч П Г Ц Т Ъ Б В Б Ц Щ Ъ Д Т Ъ Б
Г Р Е О И Е Ж М Ы М А Ж Ж Е Х А
Р И Н П С О Р И Ф Б Ч Ц Т Н Ь К
Б В Ь М Х И Д А К Е Т П А В О Т
В Ы В Р Е Н Ы Ч П Б Б Ь С Б В Е
О Ч Ц М Б Х Ш Щ Ч И Л И Л В Ш Р
Ы К С Ш К Ц А Г Т Н Я Ы Ш П Д И
У А М Л Ы Ж Т А К Т И В Н Ы Й И
Я Т Б Ц Н М Ь К Х Т Ъ Х Л П А Щ
М О С С О О К И Д О Л О Г А Х Н
Т С У Е М Л О Н С К Е Л Ф Е Р Щ
М Ы С Ь Р Е С И У Р Ч Ъ В Щ С О
Ы В О Ы О Р Т Л Р Л Е А Ж О К Х
А Ф М Р Г Е И К И У Н Ф Р Т Щ Е
Р Х Щ К Н П Б Ж В Б И Б Я В Ф У
Р Е Л А К С А Ц И Я Е М П Н Т С
```

АКТИВНЫЙ	МЫШЦЫ
БАКТЕРИИ	НЕРВЫ
КОСТИ	АПТЕКА
КЛИНИКА	РЕФЛЕКС
ВРАЧ	РЕЛАКСАЦИЯ
ПЕРЕЛОМ	КОЖА
ПРИВЫЧКА	ТЕРАПИЯ
ВЫСОТА	ДЫШАТЬ
ГОРМОНЫ	ЛЕЧЕНИЕ
ГОЛОД	ВИРУС

48 - Town

```
М А Г А З И Н У Ж У Я И Х С Ю Б
П Е К А Р Н Я Н Е И О Е А Т Б И
Ч Р Щ Е С У В И Ш Ы П М А А Г Б
Б Д Ю Р Т Ч Ы В У А Б С Ф Д Ш Л
П Г П Ш И П Я Е Р Е Л А Г И К И
Л В Т Х Ь И А Р Т И К Х К О О О
А У У Ш Х Ь К С А Г Н Ы Х Н Л Т
Х Э Д Р Р В И И Е К Ъ Ъ Ы В А Е
Р Ф Р М Ъ С Н Т Т Г У О У С Н К
М Ц Ы О У Р И Е Ф Л О Р И С Т А
Ф У Ъ Х П Ч Л Т О Н И К Я П Ь Ф
Б Ю З И Ы О К Т Т К А Ф Е И Г Ь
И Ф Б Е Н Г Р П Е О Х И С И Ь А
К Ц Ь И Й Х Д Т Л Н Ф К Ь Т Р С
З О О П А Р К М Ь Ы Ъ Ш Е Ч Ф Б
Б А Н К Ж С У П Е Р М А Р К Е Т
```

АЭРОПОРТ	РЫНОК
ПЕКАРНЯ	МУЗЕЙ
БАНК	АПТЕКА
КАФЕ	ШКОЛА
КИНО	СТАДИОН
КЛИНИКА	МАГАЗИН
ФЛОРИСТ	СУПЕРМАРКЕТ
ГАЛЕРЕЯ	ТЕАТР
ОТЕЛЬ	УНИВЕРСИТЕТ
БИБЛИОТЕКА	ЗООПАРК

49 - Antarctica

```
М Г С С О Х Р А Н Е Н И Е Л П Т
Т У К Т О П О Г Р А Ф И Я Е О Е
В Ю А К А Л Б О Б И Д Е Ш Д Л М
Щ А Л М Ц М Х И О Г К Ч Р Н У П
Р Ш И А Щ И О С Т Р О В А И О Е
С Я С Б Т Н Е Н И Т Н О К К С Р
Б И Т Ь В Е К Я Н Ф П Р Ъ И Т А
Н Ф Ы Ч Ы Р Х И Ы О К Д Е К Р Т
Я А Й У В А Ю Ц Е Р Ю Ы А Ф О У
Ф Р У Л Ю Л М И Г Р А Ц И Я В Р
И Г З Ч Е Ы О Д У Ы Д И Х Ж М А
П О Ш А Н Д В Е Б У Х Т О Ч К А
Щ Е Д Х Л Ы Р П Б Ш У П Б Ь Р Б
Л Г Ф Ц Ъ И Й С Ш Л Т П У Ъ Ц Б
Ц Б Ч Л Ы Г В К Р В Б Б И Х Б Л
А Ю Н Х Н Б П Э Х Я Ч Е Д Я Б Н
```

ЗАЛИВ	ЛЕД
ПТИЦЫ	ОСТРОВА
ОБЛАКА	МИГРАЦИЯ
СОХРАНЕНИЕ	МИНЕРАЛЫ
КОНТИНЕНТ	ПОЛУОСТРОВ
БУХТОЧКА	СКАЛИСТЫЙ
ЭКСПЕДИЦИЯ	НАУЧНЫЙ
ГЕОГРАФИЯ	ТЕМПЕРАТУРА
ЛЕДНИКИ	ТОПОГРАФИЯ

50 - Ballet

```
Т  Й  Ы  Н  Ь  Л  Е  Т  И  З  А  Р  Ы  В  У  П
А  К  Ы  З  У  М  М  М  Ю  Л  У  О  И  В  Х  Р
Н  Р  Т  Л  А  Щ  Я  Х  Ъ  Ч  П  Щ  Л  Т  Ч  А
Ц  Е  А  П  Л  О  Д  И  С  М  Е  Н  Т  Ы  М  К
О  П  Х  О  Р  Е  О  Г  Р  А  Ф  И  Я  Г  С  Т
Р  Е  Ч  М  Т  В  И  Б  В  Н  Ц  Ы  И  О  Ж  И
Ы  Т  П  Ч  С  Т  Н  М  Я  И  К  О  Р  У  Е  К
Ц  И  Х  Ю  Е  Л  С  Ц  Н  Р  Ы  Б  О  Р  Ч  А
Ш  Ц  Г  Т  К  Т  У  М  А  Е  В  О  Т  Я  А  К
Ы  И  Ц  Г  Р  С  Ы  Д  Ь  Л  А  Р  И  Ч  Ш  И
М  Я  Ц  Н  О  В  У  Р  К  А  Н  Ю  Д  М  Щ  Н
К  Ъ  С  Т  Д  Ю  У  Ь  Г  Б  А  Р  У  Г  Ю  Х
С  К  О  М  П  О  З  И  Т  О  Р  Ж  А  Ы  Е  Е
У  О  Х  Ы  У  Ь  Ч  Ъ  Х  Ш  Р  Я  Е  К  Н  Т
У  Ь  Л  И  Т  С  Ц  Х  Ж  Ъ  Р  Щ  Я  С  Ь  Г
Ь  Т  С  О  Н  В  И  С  Н  Е  Т  Н  И  Г  Т  П
```

АПЛОДИСМЕНТЫ	МЫШЦЫ
АУДИТОРИЯ	МУЗЫКА
БАЛЕРИНА	ОРКЕСТР
ХОРЕОГРАФИЯ	ПРАКТИКА
КОМПОЗИТОР	РЕПЕТИЦИЯ
ТАНЦОРЫ	РИТМ
ВЫРАЗИТЕЛЬНЫЙ	НАВЫК
ЖЕСТ	СОЛО
ИНТЕНСИВНОСТЬ	СТИЛЬ
УРОКИ	ТЕХНИКА

51 - Fashion

```
В Ц Е Ш О Л У К Н О П К И К Е Т
Е У Ц А И З М Е Р Е Н И Я Р И Е
Й Ъ И Б Й С Ж Ж В Б Ь Ы П У Т Н
И М Ц Л Ы В К О Д Е Ж Д А Ж Ь Д
К Я О О Н Б И Р Х В С Г Е Е Д Е
С Й А Н Т Я Т Д О С Ы Ы У В Ф Н
Е О К У Н Б У Т О М Ю У Л О Г Ц
Ч Г В А А Ь Б Д Щ Р Н Ъ М Е Д И
И О И Р Г С Д П Я Е И Ы Г П О Я
Т Р Ш У Е Е С Ъ Ю П Ш Г Й Х М Д
К О Ы Т Л М Т С И Л А М И Н И М
А Д В С Э Ы Е Ь Л И Т С Ф Н Р П
Р Ш И К У Й Ы Н П У Т С О Д А И
П Щ Х Е Г Х У А Н С Я Д Д Х Д Л
Ю Р Р Т С Г А К Й Ы Н Б О Д У Ы
Ж Щ Ф У Х П В Т Ю П Й А А Б Ы Ц
```

ДОСТУПНЫЙ	ИЗМЕРЕНИЯ
БУТИК	МИНИМАЛИСТ
КНОПКИ	СОВРЕМЕННЫЙ
ОДЕЖДА	СКРОМНЫЙ
УДОБНЫЙ	ОРИГИНАЛ
ЭЛЕГАНТНЫЙ	ШАБЛОН
ВЫШИВКА	ПРАКТИЧЕСКИЙ
ДОРОГОЙ	СТИЛЬ
ТКАНЬ	ТЕКСТУРА
КРУЖЕВО	ТЕНДЕНЦИЯ

52 - Human Body

```
Н Ш Ж Д Х К И М Х О Ш В Б Д И Ы
С Щ М П Д Р Р Ъ Г Я Щ Е Ц Р К А
И Е Ш Ъ П О Х У О Ц И Л Я М Д Х
П Ф О И Е В Я И Л Л Ю Р Е И У А
Я П Ъ Т Н Ь Ь Т О К О Л К Е К Ш
Е Т Х Н О Г Т С В И М Д Щ Ю О У
Ц Ш О Б С П С О А Ф Ч О Ы Я Ж Я
К О Л Е Н О Ю К Г Р Щ Ч З Ж А Ъ
И Я Ц Ч Т Х Л Ф О У П Е Е Г К Я
С Е Р Д Ц Е Е Ц Н К Б Л К Б Щ А
Б Б Б Ж Д Я Ч Л Ь А Щ П К Л Т Я
О Р Ч Е П Я С Щ Р Ч Я Ш Ц Ц Ч Б
Ъ Я Щ Д И Ь О Г С Щ Ч О Ю Б Ц Ъ
В Х Т Р Ь Р О Н М Д Я Х Р Т И Р
П А Л Е Ц П О Д Б О Р О Д О К С
Р Щ О Р О Т Н Я Б Я О И У И Н Д
```

ЛОДЫЖКА	ГОЛОВА
КРОВЬ	СЕРДЦЕ
КОСТИ	ЧЕЛЮСТЬ
МОЗГ	КОЛЕНО
ПОДБОРОДОК	НОГА
УХО	РОТ
ЛОКОТЬ	ШЕЯ
ЛИЦО	НОС
ПАЛЕЦ	ПЛЕЧО
РУКА	КОЖА

53 - Musical Instruments

```
Ф  Ь  Д  Н  Ъ  Т  Ч  Р  Ч  М  И  Х  Л  Ц  М  С
О  Л  Т  Ы  Р  Р  Т  В  Ф  У  Ф  В  Ц  Г  А  А
И  Е  Е  Т  А  У  У  Т  Ю  Р  Ы  М  Ц  Ю  Н  К
С  Ч  Б  Й  Ю  Б  С  К  Р  И  П  К  А  Д  Д  С
Х  Н  Ы  Р  Т  А  О  Я  Т  К  Р  Ж  Я  У  О  О
Ф  О  Л  Ч  Ц  А  К  И  Н  О  М  Р  А  Г  Л  Ф
А  Л  Щ  Ы  П  Ф  А  С  Ф  О  И  У  Ц  Х  И  О
Г  О  Д  Т  Н  Р  Р  С  А  Н  Б  Ц  Н  Ш  Н  Н
О  И  Ь  С  Ч  А  А  У  Н  В  Я  М  Т  К  А  К
Т  В  Б  П  Г  Т  Т  К  Ю  С  И  Ъ  О  Щ  Д  Л
Ъ  Б  У  А  Б  М  И  Р  А  М  Л  Е  Ч  Р  Ч  А
Б  К  О  Г  Н  О  Г  Е  Г  О  Б  О  Й  У  Т  Р
У  Г  С  У  Ч  Д  У  П  Б  А  Р  А  Б  А  Н  Н
Б  К  Я  Ч  Г  С  Ж  Б  Ч  Ч  Г  Я  Г  Ъ  Б  Е
Е  Б  Г  Ы  Т  С  А  О  Н  И  Н  А  И  П  О  Т
Н  Ю  Г  Ц  Т  И  Д  Ч  И  К  В  Е  В  Ы  М  Ы
```

БАНДЖО	МАНДОЛИНА
ФАГОТ	МАРИМБА
ВИОЛОНЧЕЛЬ	ГОБОЙ
КЛАРНЕТ	ПЕРКУССИЯ
БАРАБАН	ПИАНИНО
ФЛЕЙТА	САКСОФОН
ГОНГ	БУБЕН
ГИТАРА	ТРОМБОН
ГАРМОНИКА	ТРУБА
АРФА	СКРИПКА

54 - Fruit

```
Ж Л Ы Е Д И Т Ш П Б Ч В Д О В Щ
У Р И Е Ш О Ц И Ш Т О Д Щ Е Г Е
Ш Б Н Щ Я К Б А Н А Н Х Ц Х Я Д
Т И М Н О Ш А П А П А Й Я У С Ш
Ы Ф Р Ц Л М Ю Ь Я Х Д К Ь Ф Ъ М
Д В П Е Р С И К М С О К О К Е У
Ы И Ф П И А В Х А Ч Г О Ы О Л И
Н Н Д К Ж Н И Ч Н Ш Я Ъ К И И Г
Я О В С Н А К Л Г К У Т Ж Я М У
Ш Г М И И Н Ю Щ О Ф М Р Ш Б О А
К Р В Ю Ш А Н И Л А М Ц Г Л Н В
П А Ф Ь Ъ Н Б М Р О Д А К О В А
Ф Д К Н О Л Я Т Д Д Ь Х М К Е Д
А Б Р И К О С А Ч Р М М Ю О Г Ю
А Ц С Ы А Г Щ Е Ж М Х Щ Ы А Х Ц
Г Н Н Е К Т А Р И Н Ж Щ Ж Ь Щ Щ
```

ЯБЛОКО	КИВИ
АБРИКОС	ЛИМОН
АВОКАДО	МАНГО
БАНАН	ДЫНЯ
ЯГОДА	НЕКТАРИН
ВИШНЯ	ПАПАЙЯ
КОКОС	ПЕРСИК
ИНЖИР	ГРУША
ВИНОГРАД	АНАНАС
ГУАВА	МАЛИНА

55 - Engineering

```
Л Р А С Ч Е Т С Е Л Ц Д Р Ы Х С
Щ Б У О Ь Л Е Т А Г И В Д У И В
Г С Ч А Д Ш Я А Ш Е Н П У У З П
Ы Л О Г У И Ш Б К И О Щ Ь Х М Д
Р Х У Ж Р Щ Х И Ш Н В У Ч Д Е И
О Ц М Б Г У В Л Ю Е Т Ь Н Ф Р А
Т С Д О И К Ж Ь Г Л С Ф У Я Е М
О Ж Ь Ж Г Н О Н Т Е Ь Т Ъ И Н Е
М И Л К А Ы А О Б Д Л Ш Е Г И Т
Ц Д Е Г Ч Ъ Ф С У Е Е Ю Ш Р Е Р
С К З Ф Ы Я Л Т Ф Р Т Щ Д Е Н Е
С О И Г Р И Н Ь Ф П И С Ш Н Ч И
И С Д М А Ш И Н А С О Щ С Э Ъ Х
Л Т Т А Ы Ч А М М А Р Г А И Д В
А Ь Щ У У Ь Ь Щ К Р Т Г Ю С Щ А
С Т Р У К Т У Р А У С С Д Ж Ж Ь
```

УГОЛ	ДВИГАТЕЛЬ
ОСЬ	ШЕСТЕРНИ
РАСЧЕТ	РЫЧАГИ
СТРОИТЕЛЬСТВО	ЖИДКОСТЬ
ГЛУБИНА	МАШИНА
ДИАГРАММА	ИЗМЕРЕНИЕ
ДИАМЕТР	МОТОР
ДИЗЕЛЬ	СТАБИЛЬНОСТЬ
РАСПРЕДЕЛЕНИЕ	СИЛА
ЭНЕРГИЯ	СТРУКТУРА

56 - Government

```
П Щ С Ы Щ О В Т С Р А Д У С О Г
Г Р А Ж Д А Н С Т В О А В А Б А
Н Е З А В И С И М О С Т Ь Т С С
З С Я Ш К Ы Ф Н Й Ы Н Б Е Д У С
А И И Ш Е И Б Ж Ы Ф Ш С Г Р Ж П
К М Т Ы Ц О Т Ш Н К Л Т Р А Д А
О В А Т Ю С К И Ь Ч Е Р А В Е М
Н О Р Г Т Ф Щ П Л Ч Ш Г Ж Е Н Я
К Л К О Ю Ш Е В А О О Р Д Н И Т
С В О Б О Д А Н Н Ц П Ж А С Е Н
Ч Я М Ю Ж Т К А О Ш К О Н Т Л И
Р П Е М Ь Ъ М Ц И Л Ш М С В У К
В Х Д Я М М Д И Ц В Ч Н К О Д Е
Р А Й О Н Ы Р Я А С Д Ь И И Б Д
А О Я Ы Ц Щ Й Ы Н Р И М Й Щ Ч У
Ш Ш Р Л И Д Е Р Ц Л Ф Л Т Ъ Р И
```

ГРАЖДАНСТВО
ГРАЖДАНСКИЙ
ДЕМОКРАТИЯ
ОБСУЖДЕНИЕ
РАЙОН
РАВЕНСТВО
НЕЗАВИСИМОСТЬ
СУДЕБНЫЙ
ЗАКОН
ЛИДЕР

СВОБОДА
ПАМЯТНИК
НАЦИЯ
НАЦИОНАЛЬНЫЙ
МИРНЫЙ
ПОЛИТИКА
РЕЧЬ
ГОСУДАРСТВО
СИМВОЛ

57 - Art Supplies

```
К  Т  П  Ю  Д  Д  М  Р  Ы  Ъ  П  Ж  Л  Ж  Р  Е
Ы  Щ  Ь  Ь  М  К  Л  Е  Й  И  Щ  Я  Ш  М  Ъ  Ф
К  Р  Е  А  Т  И  В  Н  О  С  Т  Ь  Ш  Т  Б  Ф
К  В  Ч  М  Ч  Г  Ю  С  Л  Е  Ь  Л  Я  Р  Е  Т
Щ  Л  Я  Щ  М  Е  А  Е  С  Л  Н  О  Г  Ю  Ь  С
И  К  Т  Е  Щ  Н  Р  В  А  Д  Р  Г  Ж  Г  М  Р
К  Ш  Г  А  Щ  Ь  С  Н  М  Ы  В  У  Б  Л  Д  А
С  Л  А  С  Т  И  К  Т  И  С  Ю  Ю  Щ  У  Ь  К
А  О  Т  Д  Ю  Ю  М  Б  У  Л  Ц  Ш  Т  Ь  Ъ  В
Р  Т  Е  Л  Н  Л  Ш  Б  Е  Л  А  И  Д  Е  И  А
К  С  В  В  О  А  Д  О  В  Е  В  Ц  А  В  Л  Р
У  У  Ц  Ж  П  А  Р  Е  М  А  К  Д  Н  Ь  Ъ  Е
С  К  Г  Г  Б  У  М  А  Г  А  Н  И  Л  Г  Т  Л
Ы  Г  Ж  Х  Ф  М  С  Ъ  К  Е  Г  Ъ  Д  Я  М  И
М  О  Л  Ь  Б  Е  Р  Т  Е  Ф  Н  М  О  А  Х  Ь
А  К  Р  И  Л  О  В  Ы  Й  Ы  Ф  Л  Ш  Ч  Д  Ъ
```

АКРИЛОВЫЙ	КЛЕЙ
ЩЕТКИ	ИДЕИ
КАМЕРА	ЧЕРНИЛА
СТУЛ	МАСЛО
УГОЛЬ	КРАСКИ
ГЛИНА	БУМАГА
ЦВЕТА	КАРАНДАШИ
КРЕАТИВНОСТЬ	СТОЛ
МОЛЬБЕРТ	ВОДА
ЛАСТИК	АКВАРЕЛИ

58 - Science Fiction

```
Г С Ч С В Ц В Ь Л Ш К Н И Г И А
М А В Н И Ш Ы Н О Л К Х Г Ф Й Н
В Т Л У К А Р О М И Р Н Х П Ы Т
Щ Е Ж А Б Ж З Г Е Ы К В Ю Й Н И
Т Н С Щ К Ж В О Т С И Ш Г Ы Ч У
Л А Ы П Ы Т О Б О Р Ю Ы Е М И Т
Ц Л Ш Б Г Я И Г О Л О Н Х Е Т О
О П Р Ы Щ Л Ю К Н Ь К А Б А С П
И Е О Е О А Х О А М С М Б Ж И И
К Л Ц А Е Л Ь Я Л Д Д О Х А Л Я
Я И Л Я П Л Е Т К Ь Т Р Е Р А Ы
Ю Щ Н Ю Ж Б Н Я М Ч Л Ж Н Б Е И
Д Ч У О З А И Х Е У Ь Ь Ц О Р Р
Щ Ф Ч Ь П И А Т О М Н Ы Й О Г Е
Н Н Д В Р О Я И П О Т У Р В Щ Д
Э К С Т Р Е М А Л Ь Н Ы Й Ж Л Ч
```

АТОМНЫЙ	ВООБРАЖАЕМЫЙ
КНИГИ	РОМАНЫ
КИНО	ОРАКУЛ
КЛОНЫ	ПЛАНЕТА
АНТИУТОПИЯ	РЕАЛИСТИЧНЫЙ
ВЗРЫВ	РОБОТЫ
ЭКСТРЕМАЛЬНЫЙ	ТЕХНОЛОГИЯ
ОГОНЬ	УТОПИЯ
ГАЛАКТИКА	МИР
ИЛЛЮЗИЯ	

59 - Geometry

```
Т Р Е У Г О Л Ь Н И К И М П Ч К
Н В И Х П С Е Г М Е Н Т Ъ О И М
Ф В Н В Х А Т О С Ы В У Х В С А
П Т Е В Ф К Р О Т Ф И Б О Е Л С
Ч Л Р С Ь И Т А Б И Т С Ц Р О С
Д Х Е Л Ц Г Е Т Л Щ П Ч С Х Щ А
Ь Е М Я А О М Н О Л Ь П С Н С И
Щ Л З Х А Л А П Г Ж Е Я Г О И Я
П Б И Г З И И Р У Ы И Л К С М П
Р М Н Я У Ъ Д О Н Р Н Ц Ь Т М Ч
М Е Д И А Н А П Ф О Е Р Г Ь Е И
Н Х Б Р Е Д Н О Л Ш Н М П Н Т С
М Г В О Ч Д О Р Щ Р В В Ш Ч Р У
Н Щ Ф Е У Р Я Ц Ю Н А Д М Ч И В
И К Ы Т Я О Ж И Ъ Ж Р Р Ш Ч Я Я
Р А С Ч Е Т Ч Я Д Г У Р К Ф Ъ Ы
```

УГОЛ	МЕДИАНА
РАСЧЕТ	ЧИСЛО
КРУГ	ПАРАЛЛЕЛЬ
ИЗГИБ	ПРОПОРЦИЯ
ДИАМЕТР	СЕГМЕНТ
ИЗМЕРЕНИЕ	ПОВЕРХНОСТЬ
УРАВНЕНИЕ	СИММЕТРИЯ
ВЫСОТА	ТЕОРИЯ
ЛОГИКА	ТРЕУГОЛЬНИК
МАССА	

60 - Airplanes

```
П Р О П Е Л Л Е Р Ы Э В У С Л Г
Ь Р В С С П У С К Ш К У Д К К Б
Ч Ю И Я И Ь Н К Я В И Ю Ф Б Б Ч
Ш Т Л Б П Ъ Й Ш Н О П Г Ч Я Ы Л
В Я П Ч У М А Ц Ь Т А В У Д А Н
Ц Р О Ф Ш К З А И Ъ Ж Ш Д Ф И Р
Ф С Т Ж Ь Е И Н Е Л В А Р П А Н
В О Д О Р О Д С В Н Е Б О Е К М
П Д Б Т М И Д Д Т О Ж Е В Д Д Х
Ь А А Я Я М Ч И К О З Ю Р У А П
А О С В Ы С О Т А Ы Р Д И Ц С И
Х Ч Ф С Ю Ж П М Щ И Л И У П О Л
Ь Л Е Т А Г И В Д В К Ш Я Х П О
П С Ш Н В Ж Щ И У Ю Щ У У И Г Т
Ч Б Я Ж Ы Е И Н Е Ч Ю Л К И Р П
Г Д Ь Ж Я Ъ А Р Е Ф С О М Т А Х
```

ПРИКЛЮЧЕНИЕ	ВЫСОТА
ВОЗДУХ	ИСТОРИЯ
АТМОСФЕРА	ВОДОРОД
ЭКИПАЖ	НАДУВАТЬ
СПУСК	ПОСАДКА
ДИЗАЙН	ПАССАЖИР
НАПРАВЛЕНИЕ	ПИЛОТ
ДВИГАТЕЛЬ	ПРОПЕЛЛЕРЫ
ТОПЛИВО	НЕБО

61 - Ocean

```
Ю О Д М С Д К К А Х А П Е Р Е Ч
Д С Ц В И Л Л А Р О К Г Щ Ы Ъ Б
А Ь Т Х Щ М А К П Л Щ Б В Б Ь Ц
Х Е Б Т М Р Ж Б А Р К Е Ж А Е И
Б А Ц И Р Т С У Ж П Щ К К Ъ У К
Т П Щ К Я Е Б Г Г О Н И М Ь С О
В О Д О Р О С Л И О М Ъ Ч А Щ Т
А Е Ш Б У Ж Р Ш Ж П Р Е Ы Х Я П
К Л Ы Ш Б В Д И Л Р Ш Ь Д Л Т Щ
Т У Н Е Ц О Е Ц Ф И Я Л Ж У Щ Ч
Е М Я Ь Ж Л Л Д Д Л П О В С З Я
В В Ъ У Ъ Н Ь Д В И Л С Ш Р Ю А
Е М Л А Ш Ы Ф Ж М В Г Ч Щ Щ Ч Л
Р С Т Ж С У И Р Ъ Ы Ы Х Ш У Ч У
К Р Д Л Щ Ь Н Т О П М О Е А Н К
Ц Г Д В Р А Ш К Ь П Ч Щ Ш О Л А
```

ВОДОРОСЛИ	СОЛЬ
КОРАЛЛ	АКУЛА
КРАБ	КРЕВЕТКА
ДЕЛЬФИН	ГУБКА
УГОРЬ	БУРЯ
РЫБА	ПРИЛИВЫ
МЕДУЗА	ТУНЕЦ
ОСЬМИНОГ	ЧЕРЕПАХА
УСТРИЦА	ВОЛНЫ
РИФ	КИТ

62 - Force and Gravity

```
Т Н Ц В А Н Д Х Н К О И О С Е В
Н Е Ж Е И Н Я И Л В Ж М Т В Е Х
В К Д Ч Н Е К Я Х Ъ Ы П К О Д Ю
М Р М З И Т Е Н Г А М У Р Й И Щ
В Е Е Х В Ь Р Т Ц Л М Л Ы С Н Щ
Е И Х М Ц О Р Б И Т А Ь Т Т А Г
Л Н Ф А Я Ы У Щ И Н К С И В М Ю
И Е И П Н В Щ С Н Ч Д Ь Е А И С
Ч Р З Г Е И Н Е Р И Ш С А Р Ч К
И Т И Ь И Ы К Щ Д Г Ш О Ю К Е О
Н Я К Д Н Р Л А Т В Ч И Ч Г С Р
А К А Ш Е И Н Я О Т С С А Р К О
Й Ы Н Ь Л А С Р Е В И Н У С И С
Ю Б Я Х В Ф Ц Щ Щ В Р Ж Ь В Й Т
П Ц П Ю А Т Х Ш П Ч И В Л Ж У Ь
Х А И Х Д Ц С Л О Щ Ф Н Ы Т Щ П
```

ОСЬ	МЕХАНИКА
ЦЕНТР	ИМПУЛЬС
ОТКРЫТИЕ	ОРБИТА
РАССТОЯНИЕ	ФИЗИКА
ДИНАМИЧЕСКИЙ	ДАВЛЕНИЕ
РАСШИРЕНИЕ	СВОЙСТВА
ТРЕНИЕ	СКОРОСТЬ
ВЛИЯНИЕ	ВРЕМЯ
МАГНЕТИЗМ	УНИВЕРСАЛЬНЫЙ
ВЕЛИЧИНА	ВЕС

63 - Birds

```
М К Ш Н И Л В А П Ч Б Х Я С Ч Ф
Ч О И Н П Е Н О П Т А Д С М Т Л
М Ф Ы Н Д Р У Ц Р В Щ Й Ж Д А А
Б У Х Ф Г О Г Й И О В Я К У И М
Р В И П Ч Ф Д Я Я У Б Ц И А С И
Ф И И Щ А У Г Б Д И М Е Я К Т Н
П О П У Г А Й К С Ф Б Ш Й Ш В Г
Г П Е Л И К А Н У Р Х Щ Ш У О О
П И Н Г В И Н М А Р Ь Б Ц К Р Т
В И Ь К Л У Ц Ь Р Н И Ц Х У О У
К К Ю Щ У Щ Д Е Т К Ь Ц Ы К Н К
Г У С Ь Ц Х Ь П С Я Л П А Ц А А
Г К Л Е Б Е Д Ь Ж Ф Я Б Ж Ф О Н
Я Р Т У Т К А К Й Е Р А Н А К Г
С Ф Л Ч О Ф П Т Б Ж Ь У К Т С П
Я Ф П Т Х О О П М А Т А А Б Ч Н
```

КАНАРЕЙКА	ЦАПЛЯ
КУРИЦА	СТРАУС
ВОРОНА	ПОПУГАЙ
КУКУШКА	ПАВЛИН
УТКА	ПЕЛИКАН
ОРЕЛ	ПИНГВИН
ЯЙЦО	ВОРОБЕЙ
ФЛАМИНГО	АИСТ
ГУСЬ	ЛЕБЕДЬ
ЧАЙКА	ТУКАН

64 - Nutrition

```
Ф П У Г Л Е В О Д Ы Я Ж Т В К Н
Г Е Р В В И Т А М И Н Л И О А У
Ш Ы Р И Т С О К Д И Ж Ч Т Д Ч Т
В Е С М В И М Е Ы И К Л Е Б Е Р
Ъ Ъ П Ь Е Ы Ш Ю А Р С Ч П Е С И
Я И Ш Ъ Е Н Ч С У О С Г П Я Т Е
Х В Я К Ъ Х Т К О Л У Г А Г В Н
Ы А Ф Й П К К А И А Я Ш Н Ц О Т
А К Х Ы Ы Ц Р Х Ц К П Ы Ш Р Ш Р
П Щ Б В Д Н Ш Щ Н И С К О Т О Ъ
Ь Т И О И О Б И Ч Ж Я Е Б У Т Б
О Ж Ю Р Е Ь В О Р О Д З Ц И Ю Р
Ж Ь П О Т В Е Ю Д Г О Р Ь К И Й
У Е Т Д А Ч У Ы М Е Ж У Е И Е Я
К В Ш З У Х Ф Ы Ю И Ъ Ш Г П Н Ж
П И Щ Е В А Р Е Н И Е С У К В И
```

АППЕТИТ	ЗДОРОВЬЕ
ГОРЬКИЙ	ЗДОРОВЫЙ
КАЛОРИИ	ЖИДКОСТИ
УГЛЕВОДЫ	НУТРИЕНТ
ДИЕТА	БЕЛКИ
ПИЩЕВАРЕНИЕ	КАЧЕСТВО
СЪЕДОБНЫЙ	СОУС
ФЕРМЕНТАЦИЯ	ТОКСИН
ВКУС	ВИТАМИН
ПРИВЫЧКИ	ВЕС

65 - Hiking

```
К Б Щ Д С И Я Ю Б В Г Т Д С Щ П
Р Е Щ Л Ш А О Т Ы Щ О Ш И О О Е
О Л М А М Л М Н С П Р Г К Л Н Т
Х Ф Б П Ч Ж Б М О И А У И Н Б Ж
И Я Ъ Ю И Ф Ш Щ И Е Х П Й Ц Ъ Е
Ы В Ф Щ Ш Н У И М Т У Г А Е Л И
П О Г О Д А Г Л К Я П С Й Р И Ъ
В О А О П А С Н О С Т И Ы П К И
У С Т А Л Ы Й У Т Е С Ш Л К Н И
П О Д Г О Т О В К А П П Е А И К
О М Ы Г П Г Т У Н Ъ Д Ч Ж Р Т А
Щ А Ъ О Р И Е Н Т А Ц И Я Т О М
П Ю М С В Ж Ц Х К Б Я Я Т А Б Н
Ш Р Ь Н Л Ц К А Я К Л И М А Т И
В О Д А Д О Р И Р П Х О Е Ш С П
Я Т П Ж И В О Т Н Ы Е И Е Ь С Т
```

ЖИВОТНЫЕ	ОРИЕНТАЦИЯ
БОТИНКИ	ПАРКИ
КЕМПИНГ	ПОДГОТОВКА
УТЕС	КАМНИ
КЛИМАТ	САММИТ
ОПАСНОСТИ	СОЛНЦЕ
ТЯЖЕЛЫЙ	УСТАЛЫЙ
КАРТА	ВОДА
ГОРА	ПОГОДА
ПРИРОДА	ДИКИЙ

66 - Professions #1

```
Т  П  Р  К  В  Щ  И  Ж  К  Ц  С  Л  И  А  С  Т
Р  И  К  М  С  Х  Ы  И  Я  С  Ж  О  Г  Б  Ю  Д
Е  А  И  Е  Т  М  Е  Ц  Р  Н  Ц  А  Ж  Т  О  Щ
Н  Н  Д  Ц  К  Б  Н  М  О  Н  О  Р  Т  С  А  М
Е  И  Г  Ф  И  Е  Ы  У  М  Д  С  Х  Б  Ф  П  Л
Р  С  Х  О  Ч  Ф  Д  З  Г  Е  О  Л  О  Г  С  Р
Ч  Т  Д  И  Д  М  Р  Ы  Ю  В  Е  Л  И  Р  И  Е
Т  А  Н  Ц  О  Р  И  К  Н  А  Б  Л  Ж  М  Х  Д
А  Р  Р  Ю  В  Е  Р  А  Ф  Ц  Ь  Р  Б  П  О  А
К  Т  У  В  О  Л  Ь  Н  Е  Т  Ь  Е  Щ  Ж  Л  К
О  С  Ф  А  Р  Г  О  Т  Р  А  К  Д  Ф  Ц  О  Т
В  Е  И  У  П  Я  Ж  С  Н  Ъ  Я  О  А  Б  Г  О
Д  С  Е  Й  О  Н  Т  Р  О  П  Г  П  Ъ  Р  Ж  Р
А  Д  Р  Х  Д  Г  Я  О  Ъ  П  И  И  Ц  Н  У  Ф
Щ  Е  Г  Р  О  А  К  О  Щ  О  Х  О  Т  Н  И  К
Ь  М  Ъ  У  В  В  Е  Т  Е  Р  И  Н  А  Р  Ы  Ы
```

ПОСОЛ	ОХОТНИК
АСТРОНОМ	ЮВЕЛИР
АДВОКАТ	МУЗЫКАНТ
БАНКИР	МЕДСЕСТРА
КАРТОГРАФ	ПИАНИСТ
ТРЕНЕР	ВОДОПРОВОДЧИК
ТАНЦОР	ПСИХОЛОГ
ВРАЧ	МОРЯК
РЕДАКТОР	ПОРТНОЙ
ГЕОЛОГ	ВЕТЕРИНАР

67 - Barbecues

```
Д П Г Т И О А А Н П Д Р У З Ь Я
Е Х О О К Ш И Г Р Ы Е Ц Л Г Г Ъ
Т Ю Т М Л Я С Ь О И Е О В О Р О
И У Е Н И О К Х Р Щ С О У С И В
Щ Л Л Ы В Д Д У И С К Д И Т Л О
Ш А О Ж Р Е О П Р Г Ш И Я У Ь Щ
Г Н М Г Х Б О Р Т И Ч Г Ъ Х С И
О Г Ф Ф Х О Ю Ъ Ы Ш Ц Ь В Ч В Л
Р А Х Ь Н Ш С Ж Д Ы Т А Л А С Х
Я Ш Ж Ш Ц В Ж Ь Л И Ц И Я К П Д
Ч П Ъ Х Г Г Ъ О Т П Ф Р Ь Л О С
И Н О Ж И Е Д А К Ы З У М Ь Ъ Д
Й Е Ю Ь Л Ь Х А У Х Е Т Е Ь Н Л
Р Д О С Н Ж Я У Р Х Н Ю С Ж К Д
Р С Щ Ь М Ш Ж Т Ф Н Н И О Ц Ю О
К Ч Ы Н К Г Н Л Ц К М Ю О С В С
```

КУРИЦА	ГОРЯЧИЙ
ДЕТИ	ГОЛОД
ОБЕД	НОЖИ
СЕМЬЯ	МУЗЫКА
ЕДА	САЛАТЫ
ВИЛКИ	СОЛЬ
ДРУЗЬЯ	СОУС
ФРУКТ	ЛЕТО
ИГРЫ	ПОМИДОРЫ
ГРИЛЬ	ОВОЩИ

68 - Chocolate

```
К Р К С О К О К Р Ц Г Ы Г И Й П
М А В И Ч А Д Т С Ф Ш Т О Я Ы Й
С И К Х Ю Р Т Н Е И Д Е Р Г Н И
Э М К А Г А П Ь Д Ч Ь Ф Ь Е С К
Б К Ч Р О М Е О Д Щ Ф Н К К У Д
С Ж З А М Е Ц Ы Р О К О И Х К А
П Р Б О Щ Л Е Ы А О У К Й Т В Л
Г У М Ь Т Ь Р С Х Л Ш К У Е Л С
Р В С М Х И Г В А Ю Л О Ж Ъ Д М
А Р О М А Т Ч Г С Е Т Л К Ъ Х Ф
Н П Л Е Ы Ч Р Е Л Ю Б И М Ы Й Ф
В В Ш Д Ц О В Т С Е Ч А К Х Ь Е
Ы К Д И Б Я Ъ Е И К Щ Т И М Ч Т
Ь У Д М Щ Н Щ Л Р И И Р О Л А К
О С У Ч Щ Ж О Г Ж И О Й Ь И Г Т
А Н Т И О К С И Д А Н Т Ш К Ш Ф
```

АНТИОКСИДАНТ	ЛЮБИМЫЙ
АРОМАТ	ИНГРЕДИЕНТ
ГОРЬКИЙ	АРАХИС
КАКАО	ПОРОШОК
КАЛОРИИ	КАЧЕСТВО
КОНФЕТЫ	РЕЦЕПТ
КАРАМЕЛЬ	САХАР
КОКОС	СЛАДКИЙ
ВКУСНЫЙ	ВКУС
ЭКЗОТИЧЕСКИЙ	

69 - Vegetables

```
П Ю Ю А ъ Ч Ю И П И Г Я Х Ж И Л
О О Л Д Ю Б Я Ш Ь В О К Р О М У
Р Г М Н ъ Х М Е Я А Р О И Т Е К
И В У И С Т Ю Р И Л О К К О Р Б
Я Ш Т Р Д М Ж Ю Р А Х С А Л А Т
Г С И Д Е О Т Ж Е С Е И П А Ы А
Р Р Щ Л Л Ц Р Ю Д Ж П М Е Ш Б Л
Щ М В Т А С О А И Ж Щ Б Т ъ А К
А Р Т И Ш О К Ш С С Г И Р К К Я
Б Е М Г Т Д Ж Л У Ы Щ Р У П Л Щ
О Л И В К А В К Ы Т Ж Ь Ш К А Щ
Б Щ Т Х О Л А Щ Ш Ф С Г К Т Ж Б
Л Ф Т А Н И П Ш О Г Ж Е А С А У
Д Ш Ф М С С Е Л Ь Д Е Р Е Й Н Ф
Щ У Ш К Е Т Р Ф Т Б М Е К М Р Ю
Ш К Р Л Ч Б Г Р И Б Ч Ь Д Ю К Г
```

АРТИШОК	ЛУК
БРОККОЛИ	ПЕТРУШКА
МОРКОВЬ	ГОРОХ
СЕЛЬДЕРЕЙ	ТЫКВА
ОГУРЕЦ	РЕДИС
БАКЛАЖАН	САЛАТ
ЧЕСНОК	ШАЛОТ
ИМБИРЬ	ШПИНАТ
ГРИБ	ПОМИДОР
ОЛИВКА	РЕПА

70 - Boats

```
Ю Ч Я Ю Х У Ш Ф Ч М Ю Л Ж М Щ Я
Д Ы Ч К Я Р О М Ц Э О Н А К Ю Ц
Т О Т Т О Л П Щ Ь Ф Ч Р П Г Ъ О
О Р К Е В Р П Р И Л И В С К Щ С
Х Е Н Р Ц Т Ь Ы Ы А У Ы Н К Я Н
В З У У В Щ Л С Ы Ш С Щ Ш Е О Ю
О О К Н Е Ф Е Р О М Б В Т Л Д Й
Л Д Ж Ф Р В Т Д К О М А Ч Т А Г
Н А А И Е Г А О Б Р К О Н А Н С
Ы Б У Й В У Г Я Б А Б Р Е К А К
Я Л Б О К Ч И Ж А П И К Э Х Е Ъ
Ф Б Г Ь А Е В П Ю Е Щ Ъ Т Ь К Х
А О Я Х Т А Д Ж О Ъ Ъ Ы Т П О П
К А Я К Я П М Г У Р М Я Ы У А Ы
Ж Ж Г О Ф К И М У Щ И Ч Ж Ф К П
О Ч Л Ф Г О П Ж Ш Ю Л Р Ц Ч Р Г
```

ЯКОРЬ	МОРСКОЙ
БУЙ	ОКЕАН
КАНОЭ	ПЛОТ
ЭКИПАЖ	РЕКА
ДОК	ВЕРЕВКА
ДВИГАТЕЛЬ	МОРЯК
ПАРОМ	МОРЕ
КАЯК	ПРИЛИВ
ОЗЕРО	ВОЛНЫ
МАЧТА	ЯХТА

71 - Driving

```
В Ъ Ш Я Ж Л С К О Р О С Т Ь А В
О Ю Ц И Р К К Я Ч С Г О Н Ф В П
Д Н У Р Ч Д В И Ж Е Н И Е Е Т Ч
И О Г А З Ь У З Ц И Ц К Т Ю О Ж
Т О П В Е Л Щ Н Т О Ш Ь Г М Я
Е Д Ь А Ю Е Е Е М В Т Щ У Ч О Щ
Л Б И Г С Н Ч Ц У И Ц О Р Ы Б Я
Ь Ж О Р Р Н Т И А Л Р Д М У И О
С Щ Л Х О У О Л Е П Х В С Н Л Ц
Ъ Д Р Ж Т Т З С Ш О Ш П А Г Ь Ю
Д А А З О М Р О Т Т Г П А Б П Ь
О Г Б Щ М Р В Ю В Ь С Я В Ж Ш Ь
Р А П О Л И Ц И Я И Ы В Н И М Ъ
О Р П Е Ш Е Х О Д Б К К А Р Т А
Г А Я О Б Е З О П А С Н О С Т Ь
А Ж Г Ж П Я Д Р Ж У Ж Р Б Т Б Ц
```

АВАРИЯ	МОТОР
ТОРМОЗА	МОТОЦИКЛ
АВТОМОБИЛЬ	ПЕШЕХОД
ОПАСНОСТЬ	ПОЛИЦИЯ
ВОДИТЕЛЬ	ДОРОГА
ТОПЛИВО	БЕЗОПАСНОСТЬ
ГАРАЖ	СКОРОСТЬ
ГАЗ	ДВИЖЕНИЕ
ЛИЦЕНЗИЯ	ГРУЗОВИК
КАРТА	ТУННЕЛЬ

72 - Biology

```
Я Р Ц Е Ф К К Ь Б Г Р М А П Л С
И Ч Е Ы Ф К Ь Ж Ч А Ц Ц О Ф К И
Ц П Е П Ф Д Я Х Ы Е К Ы С Ъ П М
А П У Й Т Г Т У Ж С О Т Н У Ю Б
Т У М Н К И Ж Ф С Т Л Н Е Щ Я И
У А Р М Ъ А Л П Г Е Е Е Г Р Я О
М Ш Н Ш И Г К И Т С Б М А Х И З
Ш Ю О Х Ь П Х Ь Я Т Т Р Л Р Ц И
Н Е Р В Ч Е Е Е Г В Ф Е Л О Ю В
О А Й А Т Ы Ъ У О Е Л Ф О М Л В
И Т Е Я Щ Д Ъ Ю Р Н Д У К О О Ш
Р О Н О С М О С М Н А Ы Н С В Ф
Б Ы Е П Е Я Ж Н О Ы И Г С О Э Л
М У Щ Н Ы Ж Г Ы Н Й Ъ Д Ж М В Н
Э П А Н А Т О М И Я Ж О Я А Т М
М Л Е К О П И Т А Ю Щ Е Е Ж Ц Н
```

АНАТОМИЯ	МЛЕКОПИТАЮЩЕЕ
БАКТЕРИИ	МУТАЦИЯ
ЯЧЕЙКА	ЕСТЕСТВЕННЫЙ
ХРОМОСОМА	НЕРВ
КОЛЛАГЕН	НЕЙРОН
ЭМБРИОН	ОСМОС
ФЕРМЕНТ	БЕЛОК
ЭВОЛЮЦИЯ	РЕПТИЛИЯ
ГОРМОН	СИМБИОЗ

73 - Professions #2

```
Ф О С О Л И Ф Ж У Р Н А Л И С Т
О Щ Х И Л Л Ю С Т Р А Т О Р П Ъ
Т Ф И Ъ М С Ь И Н Ж Е Н Е Р Н О
О Ь Р Б Ч Ы Л П У Х С Л Ы В Ц К
Г Ь У У В С Е У Щ А К П Щ Д К П
Р Р Р Ь Л Е Т А Т Е Р Б О З И И
А А Г Ъ Ц Ю И О Б Ь Н Б Ь Ж Н Л
Ф К Т Я Ю М Ч Н М Щ Р Т Т Т В О
А Е С В Ж У У Х Ч А Р В Т Ч О Т
Б Т И Б А В И Т К Е Т Е Д С Д Т
Д О В К И Н Ж О Д У Х О Ч Ъ А Ф
К И Г О Л О О З Ь Б С Ш Л У С Ц
Р Л Н В Щ Ж Ц Р Е М Р Е Ф О Б Щ
А Б И О Л О Г У Т Ь Ф П Н Ю Г Л
О И Л Ь Г Д Д Р Щ С А Ь Щ Т Я Е
Е Б С О И М Р Щ Л Х А Ъ Р Н В Т
```

АСТРОНАВТ	БИБЛИОТЕКАРЬ
БИОЛОГ	ЛИНГВИСТ
СТОМАТОЛОГ	ХУДОЖНИК
ДЕТЕКТИВ	ФИЛОСОФ
ИНЖЕНЕР	ФОТОГРАФ
ФЕРМЕР	ВРАЧ
САДОВНИК	ПИЛОТ
ИЛЛЮСТРАТОР	ХИРУРГ
ИЗОБРЕТАТЕЛЬ	УЧИТЕЛЬ
ЖУРНАЛИСТ	ЗООЛОГ

74 - Emotions

```
О  П  Ж  М  Т  Г  К  Ы  Ь  Т  С  О  Д  А  Р  Ц
Х  Б  Ш  М  Р  Д  Й  Ы  Н  Й  О  К  О  П  С  И
К  Ъ  Л  О  П  Й  Ы  Н  Р  А  Д  О  Г  А  Л  Б
И  Л  А  Е  М  О  В  Т  С  Н  Е  Ж  А  Л  Б  П
Д  Н  Ы  Ж  Г  Ъ  Ш  М  З  И  Р  П  Р  Ю  С  Е
Ъ  О  В  Ю  И  Ч  Х  Т  Х  Р  Ж  Я  Р  Ш  Ф  Я
У  Б  В  Щ  Ь  Т  Е  Ы  Я  Ъ  А  К  У  К  С  П
Р  Б  Д  О  Е  П  Й  Н  Т  Р  Н  В  К  Ч  Н  Ш
У  Ш  Ы  Ц  Л  Б  Ы  Ь  И  Н  И  Ш  К  Ю  М
В  О  В  Ц  В  Е  Н  Г  Б  Е  Е  Ы  Ф  Т  О  И
Л  Ю  Б  О  В  Ь  Н  С  И  М  П  А  Т  И  Я  Р
П  Е  Ч  А  Л  Ь  Е  Я  С  Д  О  Б  Р  О  Т  А
Ы  Т  С  П  Ш  У  Щ  В  Ь  Т  С  О  Н  Ж  Е  Н
Ъ  И  Ь  Ф  Б  М  У  Д  Ю  М  Р  Б  Г  И  Ч  О
Е  Б  Ь  М  Х  У  М  Р  Ю  Е  А  А  Х  Щ  Ы  Л
Ы  С  Ь  Ю  И  Р  С  Ш  Ю  Ш  Ы  Д  Х  Ю  В  В
```

ГНЕВ	ДОБРОТА
БЛАЖЕНСТВО	ЛЮБОВЬ
СКУКА	МИР
СПОКОЙНЫЙ	ОБЛЕГЧЕНИЕ
СОДЕРЖАНИЕ	ПЕЧАЛЬ
СМУЩЕННЫЙ	ДОВОЛЕН
СТРАХ	СЮРПРИЗ
БЛАГОДАРНЫЙ	СИМПАТИЯ
РАДОСТЬ	НЕЖНОСТЬ

75 - Mythology

```
Н В Л Л К Г А Р У Т Ь Л У К Н Щ
С И Л Е И Е У Т Е А Б Ш Л И Е Ф
Л М Б У Е Р У Х У В Я Б Ш М Б С
А Е Е Ч Ч О Е Ж К Т Н Н Ч У Е Щ
Ы Ю Г Р Ж Й Р Щ И С Т О Д В С Е
А Р Я Е Т О В Т С Е Щ У С Х А П
Р Х У Г Н Н Ю Я С Ж К Б У Т Р О
Ы Ы Я Т П Д Ы Б О О А Е Б Н Ь В
Ь Ц И Ш И К А Й З Б Т С Е И Т Е
М О Н С Т Р К Г Д О А С Ж Р С Д
В Ч Л Д Е Ф Н Ь А Ж С М Д И Е Е
К Ъ О Б Х Е С Ж Н Щ Т Е Е Б М Н
Х Я М Р Р Д Ы У И Ъ Р Р Н А В И
Г Р О М А П Д С Е Ш О Т И Л Ю Е
Х Ф П В В О И Н М Ц Ф И Я Н Ч Ь
Х В Ц Ц В Ц Я Ю Р К А Е С В П А
```

АРХЕТИП	БЕССМЕРТИЕ
ПОВЕДЕНИЕ	РЕВНОСТЬ
УБЕЖДЕНИЯ	ЛАБИРИНТ
СОЗДАНИЕ	ЛЕГЕНДА
СУЩЕСТВО	МОЛНИЯ
КУЛЬТУРА	МОНСТР
БОЖЕСТВА	СМЕРТНЫЙ
КАТАСТРОФА	МЕСТЬ
НЕБЕСА	ГРОМ
ГЕРОЙ	ВОИН

76 - Agronomy

```
И  С  Б  Б  Ф  Ц  Е  С  Р  А  С  Т  Е  Н  И  Я
Щ  С  И  П  Л  Ц  Ы  Щ  Ъ  Э  Ю  Д  Л  Б  З  Л
О  Н  С  С  О  С  Ь  Е  Н  Н  В  О  С  О  А  П
В  Х  А  Л  Т  У  У  Ц  А  Е  Б  Ж  Ш  Л  Г  Р
О  П  Ш  Щ  Е  Е  Щ  Т  У  Р  Д  М  А  Е  Р  О
А  Щ  А  Р  Д  Д  М  У  К  Г  Д  О  Б  З  Я  И
И  Л  Н  П  Д  Х  О  Ы  А  И  С  Р  У  Н  З  З
Ъ  П  Е  В  О  Д  А  В  Ц  Я  Ж  Ц  Д  И  Н  В
Р  Ц  М  В  Ц  Ю  Ж  Н  А  Ц  Н  Я  О  Н  Е  О
Д  О  Е  Э  Р  О  З  И  Я  Н  Ь  Ч  Б  Х  Н  Д
В  Т  С  Т  О  Р  Х  О  Я  С  И  П  Р  О  И  С
Х  Ю  Ь  Т  А  Ч  У  З  И  Я  Ь  Е  Е  Щ  Е  Т
О  Р  Г  А  Н  И  Ч  Е  С  К  И  Й  Н  Ц  Е  В
Э  К  О  Л  О  Г  И  Я  Ц  Н  Ж  Щ  И  Ж  Д  О
П  Б  Ь  А  И  Д  Й  И  К  С  Ь  Л  Е  С  А  Р
И  Д  Е  Н  Т  И  Ф  И  К  А  Ц  И  Я  Н  Л  Ь
```

БОЛЕЗНИ	ЗАГРЯЗНЕНИЕ
ЭКОЛОГИЯ	ПРОИЗВОДСТВО
ЭНЕРГИЯ	ИССЛЕДОВАНИЕ
ЭРОЗИЯ	СЕЛЬСКИЙ
УДОБРЕНИЕ	НАУКА
ЕДА	СЕМЕНА
РОСТ	ИЗУЧАТЬ
ИДЕНТИФИКАЦИЯ	СИСТЕМЫ
ОРГАНИЧЕСКИЙ	ОВОЩИ
РАСТЕНИЯ	ВОДА

77 - Hair Types

```
Л Ч Ж В О О О С Ш К А Ь К П Б Т
Й Ы Т С Л О Т В К С У Л И Р Л О
Ы Н С О К И Г У Н Т Ь Д К С Е Н
Л С Щ Ы К О Р О Т К А Я Р Ш С К
Е И У Я Й Д Ъ Б Т Ъ У Е И Т И
Б Ю Ь Г О К Ф Л Ч Е Р Н Ы Й Я Й
К Ю С Ы Ы Е Ю О Г М Щ Д Л Я Щ Ы
С Е Р Е Б Р О Н Ъ И Ь Н Б Й И В
С У Х О Й К М Д С Е Р Ы Й Ы Й Е
Щ Щ Н О Д У Я И Л К Ц О С В А Н
С А С О Л Д Г Н Ъ Х К Ъ М О Д Ч
К Т П Ж И Р К Б В Е Т Ж Ю Р К И
У Б У Щ Н Я И Ф Ц В Е Т Н О Й Р
С М Ы Е Н В Й Х Щ Е М Ц Б Д Щ О
Е В Е М Ы Ы У Ъ Е Л Ч Р Ц З Т К
Ы Ц Я Н Й Й П Л Е Т Е Н Ы Й У К
```

ЛЫСЫЙ	СЕРЫЙ
ЧЕРНЫЙ	ЗДОРОВЫЙ
БЛОНДИН	ДЛИННЫЙ
ПЛЕТЕНЫЙ	БЛЕСТЯЩИЙ
КОСЫ	КОРОТКАЯ
КОРИЧНЕВЫЙ	СЕРЕБРО
ЦВЕТНОЙ	МЯГКИЙ
КУДРИ	ТОЛСТЫЙ
КУДРЯВЫЙ	ТОНКИЙ
СУХОЙ	БЕЛЫЙ

78 - Garden

```
Г М У Я Я Д Ц Ы Г Н А Л Ш Ж Р Л
Я Л П У Х Я М Ц В А В Ч О П Р У
С О Р Н Я К И И Ь В М О Г Д Л Ж
Х Г Р А Б Л И В Ц А Т А П О Л А
Ю Ф К Р Ы Л Ь Ц О Р С Ь К С Б Й
Ш М Ж О В Д Щ С Д Т Е К Ч Т Ъ К
У Д Ю Б Т Т В И Д Ы Д У С Я О А
Е Ю Н А Ч Е Е Д Ч В Ж С Ъ Т Я Я
У Р Ю З Б Ы В Р Т Ь Ь Т С Ы Ч Ь
Д В Б О И О Б Ц Р Ц С М К Б Я Х
Г А Р А Ж У А Ж Е А О Т А П Я Л
Ч В Щ Л Л А Т П Д Ч С Т М Ч В Ь
У Н Н П Б О У Р П Ф Ш А Ь И В Х
Д Е Р Е В О Т П Р У Д Л Я Ф Р Ч
А Е Ж А У С К Ш Г Т Ю Ч Р И О У
С П Ц Ъ Ц Ф Ч Г Т Р Х Д Щ А А П
```

СКАМЬЯ	ПРУД
КУСТ	КРЫЛЬЦО
ЗАБОР	ГРАБЛИ
ЦВЕТОК	ЛОПАТА
ГАРАЖ	ПОЧВА
САД	ТЕРРАСА
ТРАВА	БАТУТ
ГАМАК	ДЕРЕВО
ШЛАНГ	СОРНЯКИ
ЛУЖАЙКА	

79 - Diplomacy

```
Ь Ж Г У М А Н И Т А Р Н Ы Й К Р
Т Ц Е Л О С Т Н О С Т Ь С Ш О Е
С У А Р И Г Ы Ъ Н Ч К Х Т С Н Ш
О О В Т С Ь Л Е Т И В А Р П Ф Е
Н В О Х Ц Ж Б Я Щ К Я К Г Д Л Н
С Т О Б П О С О Л Ы И И Р О И И
А С Б В Щ Ч Ш Я К З Ц Т А Г К Е
П Ь С А В Е Д Н Н Я Ю Э Ж О Т Ъ
О Л У Щ Ц Ю С Д Ы А Л Ж Д В Т Г
З О Ж Н К И Н Т Е В О С А О Т Х
Е С Д А И Б С И В Щ З Ч Н Р Ж Ц
Б О Е К Н Ш Ч Б Ф О Е Д Е И Ь Щ
Х П Н Ц З Й Ы Н Н А Р Т С О Н И
Х Ъ И Ю Ю П П О Л И Т И К А Н Ь
С Ь Е Е О Д А Б У Ц Т Н Г Е Е Ш
Л Й И К С Н А Д Ж А Р Г П В Б Н
```

СОВЕТНИК	ИНОСТРАННЫЙ
СОЮЗНИК	ПРАВИТЕЛЬСТВО
ПОСОЛ	ГУМАНИТАРНЫЙ
ГРАЖДАНЕ	ЦЕЛОСТНОСТЬ
ГРАЖДАНСКИЙ	ЯЗЫКИ
СООБЩЕСТВО	ПОЛИТИКА
КОНФЛИКТ	РЕЗОЛЮЦИЯ
ОБСУЖДЕНИЕ	БЕЗОПАСНОСТЬ
ПОСОЛЬСТВО	РЕШЕНИЕ
ЭТИКА	ДОГОВОР

80 - Countries #1

```
И И К П Р Ы Ф С Е Н Е Г А Л Ш Н
Р И С Ч О К К О Р А М Е К Ш Ц О
А Т К П И Л Г Б У Щ У Е Ц Ш Я Р
К А Ц Б А Л Ь Б Р А З И Л И Я В
М Л Л Т Д Н Л Ш В Л М Ж Ю Х И Е
Я И В Т А Л И П А Э Щ А И В В Г
Н Я Ъ Ь Н Я А Я Ч У Н Т Н М И И
И И Е Д А Ж Р И М С Д Л И А Л Я
К Д Ы Х К Р З Н Т Е П И Г Е П И
А Н Б Ш П Х И А Ю Н И Г Р Х П Н
Р Я А Х Х Ю А М Е Е Ъ У Х В Л Ы
А Л М Ц У А Ы Р К В Ъ Л Ъ О Ь М
Г Н Л Н Х О Е Е В Ь Е Т Н А М У
У И Ю Я У Б К Г И У Ф С Н Ю Ч Р
А Ф Щ Л В Ф Т М С Т Б О С Я Г П
Ж Т С Б Р Л Н Д Е В Д Д Ф Ю Ж Ч
```

БРАЗИЛИЯ	МАРОККО
КАНАДА	НИКАРАГУА
ЕГИПЕТ	НОРВЕГИЯ
ФИНЛЯНДИЯ	ПАНАМА
ГЕРМАНИЯ	ПОЛЬША
ИРАК	РУМЫНИЯ
ИЗРАИЛЬ	СЕНЕГАЛ
ИТАЛИЯ	ИСПАНИЯ
ЛАТВИЯ	ВЕНЕСУЭЛА
ЛИВИЯ	ВЬЕТНАМ

81 - Immigration

```
Д К О Р С Й И Н Й А Р К З Ж А П
О Ф Г Ю Н И Ы Р Ь О М П А Е Д Е
К Ш Щ Е О С Т В Е Я Т С К О М Р
У Ц К Т К А Х У Б Ш Ц Ц О Ю И Е
М Н Я Ж Ю Т Д Я А Н Е А Н К Н Г
Е Щ И О Ф И Ц Е Р Ц К Н Ю С И О
Н Д Ц А Т Щ Р И Д А И Л И С С В
Т Ц А Щ Т А С Н В П Б Я Ч Е Т О
Ы Н К А М З Ц Е И З Ъ Б В Р Р Р
И Ь И О Х Д Щ Д Ъ Д Р Ж М Т А Ы
Т Х Н П Н Е Я Ж Н Ц К О С С Ц Г
Д Б У Ж Ю Т П Р Я З Ы К С С И Л
Ч У М Л У И А Е М О М Е Ю Л Я С
Н Ц М Ь Р Т Х В П О М О Щ Ь Ы Ь
П Р О Ц Е С С Т Г Р А Н И Ц Ы Е
Ы О К Б Л С Х У Ж И Л Ь Е О Л А
```

АДМИНИСТРАЦИЯ	ЯЗЫК
ВЗРОСЛЫЕ	ЗАКОН
ПОМОЩЬ	ПЕРЕГОВОРЫ
УТВЕРЖДЕНИЕ	ОФИЦЕР
ГРАНИЦЫ	ПРОЦЕСС
ДЕТИ	ЗАЩИТА
КОММУНИКАЦИЯ	СИТУАЦИЯ
КРАЙНИЙ СРОК	РЕШЕНИЕ
ДОКУМЕНТЫ	СТРЕСС
ЖИЛЬЕ	

82 - Adjectives #1

```
Э  Т  С  Р  У  Ф  Ъ  А  К  Ы  И  С  А  С  А  С
С  К  Е  Ц  У  М  М  Л  Р  Х  Д  О  Р  О  М  Ч
Ю  Е  З  М  Й  Ы  Н  Ж  А  В  Е  В  О  В  Б  А
Я  С  Р  О  Н  Б  С  В  С  П  Н  Е  М  Р  И  С
М  М  Ч  Ь  Т  Ы  Ф  Р  И  М  Т  Р  А  Е  Ц  Т
Ч  Е  С  Ф  Е  И  Й  Ю  В  Ы  И  Ш  Т  М  И  Л
Н  Д  Н  А  Й  З  Ч  М  Ы  М  Ч  Е  И  Е  О  И
А  Л  И  Ь  Ы  Л  Н  Е  Й  Ш  Н  Н  Ч  Н  З  В
М  Е  Ы  Ж  Н  М  Д  Ы  С  Г  Ы  Н  Е  Н  Н  Ы
Т  Н  Ц  Т  Т  Л  К  Ъ  Й  К  Й  Ы  С  Ы  Й  Й
Я  Н  Е  М  Ю  Д  А  Ь  Р  П  И  Й  К  Й  Й  Ы
Ж  Ы  Н  Ш  Л  Т  О  Н  К  И  Й  Й  И  Ы  Ь  Н
Е  Й  Н  П  О  Л  Е  З  Н  Ы  Й  А  Й  Р  Я  Т
Л  Ь  Ы  У  С  О  Г  Р  О  М  Н  Ы  Й  Д  В  С
Ы  Л  Й  Л  Б  Т  В  П  Ц  Ц  Ч  Г  Л  Е  Ъ  Е
Й  Е  У  Я  А  Г  Р  Ю  Х  Т  А  Ю  Н  Щ  Н  Ч
```

АБСОЛЮТНЫЙ	ЧЕСТНЫЙ
АМБИЦИОЗНЫЙ	ОГРОМНЫЙ
АРОМАТИЧЕСКИЙ	ИДЕНТИЧНЫЙ
КРАСИВЫЙ	ВАЖНЫЙ
ТЕМНЫЙ	СОВРЕМЕННЫЙ
ЭКЗОТИЧЕСКИЙ	СОВЕРШЕННЫЙ
ЩЕДРЫЙ	СЕРЬЕЗНЫЙ
СЧАСТЛИВЫЙ	МЕДЛЕННЫЙ
ТЯЖЕЛЫЙ	ТОНКИЙ
ПОЛЕЗНЫЙ	ЦЕННЫЙ

83 - Global Warming

```
Х  А  М  Ж  В  Ж  К  Ы  Ю  Т  Д  П  Р  П  А  Э
С  А  Ч  Й  Е  С  М  Д  Л  Х  А  О  А  О  Р  К
Ц  Е  Ы  Р  Ы  Р  Б  Р  С  П  Н  К  З  П  К  О
Д  И  З  М  Е  Н  Е  Н  И  Я  Н  О  В  У  Т  Л
Н  Ф  Ы  Ы  С  Д  Д  Л  З  Л  Ы  Л  И  Л  И  О
У  Ч  Е  Н  Ы  Й  Х  О  И  Х  Е  Е  Т  Я  Ч  Г
Ц  Д  Щ  П  З  Я  Ж  Д  Р  Т  Б  Н  И  Ц  Е  И
В  Н  И  М  А  Н  И  Е  К  А  Ж  И  Е  И  С  Ч
Т  С  С  У  Г  Р  У  О  Т  М  Н  Я  Б  И  К  Е
В  Щ  Ц  И  М  А  Л  Ъ  Е  И  Н  У  Д  Ц  И  С
Х  Ъ  Ы  О  Ц  Х  Б  Б  Р  Л  Ш  А  Д  Ъ  Й  К
Ш  С  Ш  Щ  Т  Я  Ф  Е  Ю  К  А  Г  Ж  Н  И
П  Р  А  В  И  Т  Е  Л  Ь  С  Т  В  О  Т  Е  Й
П  О  С  Л  Е  Д  С  Т  В  И  Я  В  И  О  Т  М
Э  Н  Е  Р  Г  И  Я  Х  Ж  Б  Н  М  К  В  А  Ъ
Б  У  Д  У  Щ  Е  Е  Ъ  Б  Г  Т  Щ  Г  Ц  У  Я
```

АРКТИЧЕСКИЙ	ЭКОЛОГИЧЕСКИЙ
ВНИМАНИЕ	БУДУЩЕЕ
ИЗМЕНЕНИЯ	ГАЗ
КЛИМАТ	ПОКОЛЕНИЯ
ПОСЛЕДСТВИЯ	ПРАВИТЕЛЬСТВО
КРИЗИС	МЕЖДУНАРОДНЫЙ
ДАННЫЕ	СЕЙЧАС
РАЗВИТИЕ	ПОПУЛЯЦИИ
ЭНЕРГИЯ	УЧЕНЫЙ

84 - Landscapes

```
О Т Я Г Р Е Б С Й А Ю Ж Ш Е Я Ь
В К Р Я Е Е Ж Л Щ Г Ы Ж Ю Х В М
Щ Ю Е Ж А Й П О Л У О С Т Р О В
Ъ Х Е А Д Ц З Т У Н Д Р А Д Р М
С П Ж Б Н Н М Е М Ю Е Ц А Т Т Ц
Ъ Ф А Щ Д Г И Е Р М К С Р Ф С В
Р Е К А О П Л Л П Я О Т О Л О Б
С У И Р Л У О М Л О Х Р Г Е Ь Т
О А Н Е И С Ш Х Я И М С Е Н О И
З Ъ Д Щ Н Т О В Ж У Ж Ф М Ж Б А
Е Ф Е Е А Ы А О Ц Ц А Ш Я И У Б
Р Г Л П Л Н З Д Е Б В Д М Д Я О
О Я Я Ы Л Я И О Ь Ж Ч С Т Ч К Ж
В У Л К А Н С П О В Н П Г Ы Ы Ж
Б К В Ш Ф Я Н А Ж К Ш И Ж С Р Р
И О П П В Ж Х Д К Ч К В Ч М П О
```

ПЛЯЖ	ОАЗИС
ПЕЩЕРА	ОКЕАН
ПУСТЫНЯ	ПОЛУОСТРОВ
ГЕЙЗЕР	РЕКА
ЛЕДНИК	МОРЕ
ХОЛМ	БОЛОТО
АЙСБЕРГ	ТУНДРА
ОСТРОВ	ДОЛИНА
ОЗЕРО	ВУЛКАН
ГОРА	ВОДОПАД

85 - Visual Arts

```
С  Ь  Ш  Ь  Ъ  К  Ы  Ч  Х  М  П  М  Т  С  К  К
С  К  А  Л  Ш  Х  Щ  Г  У  О  Е  А  Е  Ю  Р  Е
П  И  У  В  Ц  Т  Ъ  Х  Д  Л  Р  Р  Р  Л  Е  Р
Д  Ф  Ы  Л  М  Т  Ш  У  О  Ь  С  Х  А  Ь  А  А
Е  Ы  Б  Я  Ь  Ц  Ы  Ч  Ж  Б  П  И  Ф  П  Т  М
В  О  С  К  Л  П  О  С  Н  Е  Е  Т  А  Л  И  И
И  Щ  Ч  М  И  К  Т  Ф  И  Р  К  Е  Р  Т  В  К
А  С  Б  М  Ф  С  Я  У  К  Т  Т  К  Т  Ъ  Н  А
П  О  Р  Т  Р  Е  Т  К  Р  Р  И  Т  Л  Ч  О  Ы
К  А  Р  А  Н  Д  А  Ш  Ф  А  В  У  Б  Ф  С  В
Н  Ш  Я  Ш  Е  Д  Е  В  Р  Ш  А  Р  М  Ч  Т  Д
Ф  О  Т  О  Г  Р  А  Ф  И  Я  У  А  Д  Л  Ь  М
С  О  С  Т  А  В  К  П  В  Е  Ю  Г  Б  А  У  Д
Н  Г  Л  И  Н  А  Ч  И  Ц  Ш  С  Ц  О  Я  О  Е
Ш  А  В  Г  А  Ы  У  С  В  В  О  Л  У  Л  Ы  О
Ы  Ь  Щ  В  К  С  Р  Б  Р  П  Ф  Ф  И  И  Ь  Т
```

АРХИТЕКТУРА	ШЕДЕВР
ХУДОЖНИК	РУЧКА
КЕРАМИКА	КАРАНДАШ
МЕЛ	ПЕРСПЕКТИВА
УГОЛЬ	ФОТОГРАФИЯ
ГЛИНА	ПОРТРЕТ
СОСТАВ	СКУЛЬПТУРА
КРЕАТИВНОСТЬ	ТРАФАРЕТ
МОЛЬБЕРТ	ЛАК
ФИЛЬМ	ВОСК

86 - Plants

```
К Ъ Ъ К Е Ф Ы Г Ф Н Ю Ж У Ю М Щ
Л Х Л С Е Л Ш Ю А Т У А Д О Г Я
Е С Ъ Ы И Г К Щ Т Ш Д Я О А Т Л
С Ю У А У У Г А А К М О Б Н Г Ц
С Д Е Р Е В О Д К Ц И Я Р Ю И А
Т С У К Ч Ц У М И Т Ь Н Е Р О К
Е Ч Ъ Е П О Ж О Н Л У Т Н Ч С Г
Б В Ъ П Л Ю Щ Х А И П С И С С Б
Е Ъ Ь Д Ж П К О Т С Е П Е Л А Д
Л Ц Б А М Б У К О Т Ф У И Л Д Ф
Ь И В П В Ы Я Б Б В Л Ъ Н О Ц Л
Ф А В Е К Н Р О М А О Щ Е Ъ Ю Д
Л Л И Щ Т О А Е Ь Ш Р Т Ф Н Щ
Ф Т А Ж Б О Г И И Б А Н Е Г Л С
Ф Ж С Л В Ж К Л Ю О П А В А Р Т
Н Р Ь Л П А Ь П Г Б Ш В Ц Г М М
```

БАМБУК	ЛИСТВА
БОБ	ЛЕС
ЯГОДА	САД
ЦВЕТЕНИЕ	ТРАВА
БОТАНИКА	ПЛЮЩ
КУСТ	МОХ
КАКТУС	ЛЕПЕСТОК
УДОБРЕНИЕ	КОРЕНЬ
ФЛОРА	СТЕБЕЛЬ
ЦВЕТОК	ДЕРЕВО

87 - Boxing

```
А Д Ч Л С Я Б П Е К А Л У К П П
Р Х П Ц О У И Ш Т О П Ф Щ Ы О Е
У Л Н Л Р К Д П А Л И С О В Д Р
Г К О У Ж П О Ь У О Н Щ Г А Б Ч
О Л К Г Я И Р Т Я К А Б Ь Н О А
Л Б Ы С Т Р Ы Й Ь О Т М В А Р Т
Ж В Н Г Б У Ж Ц Т Л Ь Щ О Б О К
В Х Г Ц Й Ы Н Н Е Ч У М З И Д И
О П П О Н Е Н Т Л О Ъ Ж Я К О В
О В Б М Ж Ъ С Ц О К Б Н Н Ч К Е
Ъ Ы Ш С С Ъ И Г К Ю Ы Ы И О Х Р
Р Х Я Л Д Ы М В Ъ Л Ф Д Ж Т Ъ Е
В Щ Ю С А Ы Щ Б Ю М А Г Л А Г В
Ь Б Я Ь Ц О Ь Н П С Ы Ч К Ы Р К
И С Л И Ж М Ъ К Я Ф Ж Ю Ч Ш В И
Ф О К У С Р Г Ф Ь Ж Р Х Ж Н Ш Г
```

КОЛОКОЛ	ТРАВМ
ТЕЛО	ПИНАТЬ
ПОДБОРОДОК	ОППОНЕНТ
УГОЛ	ТОЧКИ
ЛОКОТЬ	БЫСТРЫЙ
ИЗМУЧЕННЫЙ	СУДЬЯ
БОЕЦ	ВЕРЕВКИ
КУЛАК	НАВЫК
ФОКУС	СИЛА
ПЕРЧАТКИ	

88 - Countries #2

```
Л С Ц А К Й А М Я Н М М Ш С О Ч
Ы У Х Л А П Е Н Ы И Р Е К Ж Р Р
Ы Д Ф Б У П Р Я Г Г И К Ь М Ы Ф
Ю А К А А Л Н У Ы Е Ь С П Ч Б С
Д Н Е Н А В И Л К Р М И С Л Ж Ц
Т А Ю И Н Х В Т Б И Х К Л Ф В Т
Л Н Н Я И Р И С И Я К А Ш П Ъ О
С И Г И С Ц Ь М Л А У Н И К Ь У
Л А С С Я П Л Ж Г Ю Г В Р Ф А Г
Ы Р Х С А О А П А К И С Т А Н Ш
С К Ы О Б М О Д Я Д В А Ъ Ю Ц Е
Е У Г Р Ь И С Щ Н Я А Ф Х А Н А
Л И Б Е Р И Я С Ш А И Щ Ф Ъ И Ф
Я П О Н И Я Ю Д Ю Ф Г Ш Ж В Т Б
Ч Ф Э Ф И О П И Я Ц М У Б А П С
С О М А Л И Г Р Е Ц И Я Д Б В Ъ
```

АЛБАНИЯ	МЕКСИКА
ДАНИЯ	НЕПАЛ
ЭФИОПИЯ	НИГЕРИЯ
ГРЕЦИЯ	ПАКИСТАН
ГАИТИ	РОССИЯ
ЯМАЙКА	СОМАЛИ
ЯПОНИЯ	СУДАН
ЛАОС	СИРИЯ
ЛИВАН	УГАНДА
ЛИБЕРИЯ	УКРАИНА

89 - Adjectives #2

```
З Я Ж В Ы Я Н У О Е Т Х А С Я Х
У Д О Х А Н И Л Т Г О Р Я Ч И Й
Б С О Й Ы Н Н Е В Т С Е Т С Е Ы
Т О Г Р Й И К С Е Ч Р О В Т Ц Н
Ч Л О И О Щ Т Я Т С У Х О Й Ь Н
Г Е Л З Д В Е Ф С Ш Н Е Я М Х О
О Н О В И Й Ы Н Т Н А Г Е Л Э С
Р Ы Д Е К Ы И Й В Ь Ш Г О Я Ъ Н
Д Й Н С И В Й У Е Ь Ь Ф Г А В Т
Ы Х Ы Т Й О Й Ы Н С Е Р Е Т Н И
Й Д Й Н Г Н В Т Н У Л Я Б Ф Я Ю
Х Я Д Ы В М Г М Ы Ь К Р Ъ Ю Р Л
К Л У Й Щ О У Р Й Л Л Ы И Е Б В
В Ш Д Ы П Р О Д У К Т И В Н Ы Й
О Д А Р Е Н Н Ы Й Ж П Д С Я Г Б
Л О П И С А Т Е Л Ь Н Ы Й Р Г Д
```

ТВОРЧЕСКИЙ	ЕСТЕСТВЕННЫЙ
ОПИСАТЕЛЬНЫЙ	НОВЫЙ
СУХОЙ	ПРОДУКТИВНЫЙ
ЭЛЕГАНТНЫЙ	ГОРДЫЙ
ИЗВЕСТНЫЙ	ОТВЕТСТВЕННЫЙ
ОДАРЕННЫЙ	СОЛЕНЫЙ
ЗДОРОВЫЙ	СОННЫЙ
ГОРЯЧИЙ	СИЛЬНЫЙ
ГОЛОДНЫЙ	ДИКИЙ
ИНТЕРЕСНЫЙ	

90 - Psychology

```
П О В Е Д Е Н И Е М П П Т И К В
К А М Е Л Б О Р П М Д Х Ы Ы Л О
Ы М Ь Л Р Ю В Ь Т Ы Р Г Г К И С
Я И П А Р Е Т С С С М А Д О Н П
Г Д Р К Ь И С Е Ш Л В С Ф Н И Р
П Е И Н И Н Т Н П И А Ы М Ф Ч И
Р И Ы Е К А Е С Я О Ч С А Л Е Я
Г Х Б Ц Ц Н Д А В М З Ж Н И С Т
Д Ф Е О Д З Ч Ц Я Щ Х Н Ф К К И
М Е Ч Т Ы О Е И Щ С У Щ А Т И Е
Х У Д С Ф С Ы Я Ю Т М И Я Н Й Ъ
Ц Ш Ю Б Е Д Э М О Ц И И К А И Б
М Ы Ь Т С О Н Ь Л А Е Р М Г У Е
О Ц Ф А Ы П Д Щ Ъ Х А Д Ю Э Р М
А Ь К Ч А П Б Щ Ч Р О Ф Ь Г Д Ы
Ж Т Ы Ь Т С О Н Ч И Л Л М О Р Ц
```

ОЦЕНКА	ИДЕИ
ПОВЕДЕНИЕ	ВОСПРИЯТИЕ
ДЕТСТВО	ЛИЧНОСТЬ
КЛИНИЧЕСКИЙ	ПРОБЛЕМА
ПОЗНАНИЕ	РЕАЛЬНОСТЬ
КОНФЛИКТ	СЕНСАЦИЯ
МЕЧТЫ	ПОДСОЗНАНИЕ
ЭГО	ТЕРАПИЯ
ЭМОЦИИ	МЫСЛИ
ОПЫТ	

91 - Math

```
Э А Р И Ф М Е Т И К А У М Ф Е П
К Г О Р Д Ш С Ф Ъ Ю С С Ц Л Т Р
С Ш Ч Н Ж Ж Б Е Ш Е Ю У М Е Н Я
П К И Н Ь Л О Г У Е Р Т М Л П М
О У С Д П О Л И Г О Н Н Ж М Ш О
Н С Л У Е П А Р А Л Л Е Л Ь А У
Е Ж А В И С Д И А М Е Т Р М Ш Г
Н П Е К Н Д Я О Б Ъ Е М Ы Ф Ф О
Т Я Ф С Р Б А Т П Г Г Р Я Р П Л
П Л О Щ А Д Ь Р И К Л Д Р А Е Ь
У Р А В Н Е Н И Е Ч Ч А Х К Р Н
С И М М Е Т Р И Я Р Н Ю Т Ц И И
Х Я Ц С М Г К Р П Х С Ы Ж И М К
Я Д Е Л Е Н И Е Ь Ф Р Л Й Я Е Х
Ш А Ъ О У С Б Щ Б Б Ф Г Ж Ю Т О
Г Е О М Е Т Р И Я Ж К У А Я Р Д
```

УГЛЫ	ПАРАЛЛЕЛЬ
АРИФМЕТИКА	ПЕРИМЕТР
ДЕСЯТИЧНЫЙ	ПОЛИГОН
ДИАМЕТР	РАДИУС
ДЕЛЕНИЕ	ПРЯМОУГОЛЬНИК
УРАВНЕНИЕ	ПЛОЩАДЬ
ЭКСПОНЕНТ	СУММА
ФРАКЦИЯ	СИММЕТРИЯ
ГЕОМЕТРИЯ	ТРЕУГОЛЬНИК
ЧИСЛА	ОБЪЕМ

92 - Water

```
Е  Н  Ц  Ы  Й  О  В  Е  Ь  Т  И  П  В  Р  С  Ь
Е  Г  Ж  Е  Б  Р  Р  Д  С  Н  Е  Г  Л  Е  К  О
К  В  О  Ж  Г  О  Х  Е  Ю  Е  И  Д  А  К  Ы  К
М  О  Р  О  З  Ш  О  Л  З  Н  И  О  Ж  А  Б  Я
Ы  Н  Л  О  В  Е  Н  К  И  О  Ы  Ж  Н  Е  Х  Н
П  А  Р  О  С  Н  П  Я  Е  О  Т  Д  О  С  Л  Ф
Т  Г  Г  Ф  Я  И  И  У  Ч  А  Ы  Ь  С  Ф  Р  О
Л  А  Н  А  К  Е  О  Ж  Б  Ы  Н  О  Т  П  Ф  Р
Щ  Р  О  М  Л  И  Ц  Р  Д  Е  П  Г  Ь  Ч  Ш  Ь
Б  У  Б  Ю  Ы  В  Г  А  Т  Д  Ч  Е  Н  Ы  Ц  Я
И  С  П  А  Р  Е  Н  И  Е  Х  Р  Й  И  Б  В  Л
Ш  Н  А  В  О  Д  Н  Е  Н  И  Е  З  Д  П  Ц  М
Ч  Г  В  С  Р  П  Ш  Г  У  Л  К  Е  У  Б  Б  Ю
Д  Т  Х  О  Ф  М  У  С  С  О  Н  Р  Ш  В  У  В
Х  К  Х  Д  Ы  И  У  Ш  Д  Ж  Е  С  Д  Л  Ж  Ь
Ы  Ы  Ь  Х  Ф  И  Х  Л  Ч  Р  Ы  Р  П  И  Ц  Ю
```

КАНАЛ	ОЗЕРО
ПИТЬЕВОЙ	ВЛАГА
ИСПАРЕНИЕ	МУССОН
НАВОДНЕНИЕ	ОКЕАН
МОРОЗ	ДОЖДЬ
ГЕЙЗЕР	РЕКА
ВЛАЖНОСТЬ	ДУШ
УРАГАН	СНЕГ
ЛЕД	ПАР
ОРОШЕНИЕ	ВОЛНЫ

93 - Activities

```
К Ф И Ц Ъ Х Я Д Г Ъ К Ь Щ Д Р У
Е Г О С Л Б Д О С У Е Т Л Я Ъ Д
М Р Р Т К Е Н С П Т Р С С У Ъ О
П О Х У О У И У Я В А О Д К И В
И Б Ш П Щ Г С Г К Н М Н Щ У Н О
Н Ж Ц С Ч Ш Р С Ц Ч И Ь Е Е Т Л
Г Е С Ж М Ы Б А Т Ж К Л Я Ш Е Ь
Д Ш Н Ж К Е Е Щ Ф В А Е И Ъ Р С
Щ Я И Ш Ы Д Н С Т И О Т Ц Е Е Т
Г Ы Ц Ъ В Ф О Ш Ч В Я Я А И С В
О Х О Т А М Е М Ь Ъ И Е С Н Ы И
Е Я Н Н С Р Ш Щ Х Г Д К Е Ц Е
А О В Т С Д О В О Д А С А Т К Ы
П Е Ш И Й Т У Р И З М Ю Л Ч У Р
Р Ы Б Н А Я Л О В Л Я Г Е Г М Г
Ш И Т Ь Е Д А Л С Е М Е Р Ф Д И
```

ДЕЯТЕЛЬНОСТЬ	ОХОТА
ИСКУССТВО	ИНТЕРЕСЫ
КЕМПИНГ	ДОСУГ
КЕРАМИКА	МАГИЯ
РЕМЕСЛА	ФОТОГРАФИЯ
ТАНЦЫ	УДОВОЛЬСТВИЕ
РЫБНАЯ ЛОВЛЯ	ЧТЕНИЕ
ИГРЫ	РЕЛАКСАЦИЯ
САДОВОДСТВО	ШИТЬЕ
ПЕШИЙ ТУРИЗМ	НАВЫК

94 - Business

```
Ф Ъ Ц И Ъ Ю Б О Ж Ц Т Д Р Ъ О Ч
И Я Ц У М Ю Х А Ф Ц Л М О Б П Ж
Н И З А Г А М К У И Н Х Ъ Х Ш Ц
А Н Ц У Ы Ю С Ш Я Ь С И Х Р О Ф
Н А К И Ь Э К О Н О М И К А П Д
С П А Г Т Р Х Л Ю Ы Ш П У В Ы Ц
Ы М Р Ь С С Я Л Ы Ю Е Ь Ц О Б С
Ч О Ь Н О Ц Е Х Т Ф П Р С Т Ю К
В К Е Е М Г В В Ф Ы Я Х К Ъ Д И
Т А Р Д И Ы Б И Н Л А М О Я Ж Д
Д Т А В О Г С М Б И Ю Б Р Н Е К
Е Ю О В Т М М Е Н Е Д Ж Е Р Т А
Б Л Ы Щ С О У Ю Д Г О С Ж Б Х И
Р А Б О Т Н И К Р Т В У Е И Ч У
П В Ф Ф М Т Д Щ А Ж А Д О Р П Ъ
Ц Ц С Ш Н А Л О Г И З Г Н Д Ф Ь
```

БЮДЖЕТ	ДОХОД
КАРЬЕРА	ИНВЕСТИЦИИ
КОМПАНИЯ	МЕНЕДЖЕР
СТОИМОСТЬ	ТОВАР
ВАЛЮТА	ДЕНЬГИ
СКИДКА	ОФИС
ЭКОНОМИКА	ПРОДАЖА
РАБОТНИК	МАГАЗИН
ЗАВОД	НАЛОГИ
ФИНАНСЫ	

95 - Literature

```
Б  С  Р  А  В  Н  Е  Н  И  Е  К  К  Х  М  П  Ч
А  И  У  Х  Я  В  Т  М  Н  Е  Н  И  Е  Е  У  А
Т  Н  О  Ы  Г  Ь  Ш  Т  Х  И  Ъ  Ч  П  Т  Т  Н
Н  Е  Е  Г  О  Л  А  И  Д  Н  У  З  Е  А  Ж  Г
Ы  Д  М  К  Р  У  А  Р  Н  А  Т  А  Ц  Ф  Ю  Ч
О  Т  А  А  Д  А  Т  Ч  Г  С  Ы  К  В  О  М  Ф
Р  И  Ф  М  А  О  Ф  Ч  К  И  Е  С  Ф  Р  В  Н
Р  П  Л  О  Ч  Ы  Т  И  Ш  П  Ы  С  П  А  Т  Т
Х  М  Ь  Ь  Ю  Ы  Щ  Ш  Я  О  Ц  А  Ю  А  Ц  Р
З  А  К  Л  Ю  Ч  Е  Н  И  Е  О  Р  Ф  К  А  А
В  Ы  Р  И  М  Ь  С  А  Н  А  Л  О  Г  И  Я  Г
Ю  Л  Р  Т  Л  Я  Т  С  В  Ш  И  Т  В  Т  Д  Е
Б  П  Ю  С  Ш  У  И  В  О  А  Г  В  О  Э  Ю  Д
А  Н  А  Л  И  З  Х  Ы  А  Ю  Я  А  Щ  О  В  И
Ч  Г  Б  К  О  А  В  О  Ы  Ы  С  Ч  Н  П  Ю  Я
Р  Е  Р  Р  О  М  А  Н  С  Л  К  Т  Х  Ъ  М  Е
```

АНАЛОГИЯ	РАССКАЗЧИК
АНАЛИЗ	РОМАН
АНЕКДОТ	МНЕНИЕ
АВТОР	СТИХ
БИОГРАФИЯ	ПОЭТИКА
СРАВНЕНИЕ	РИФМА
ЗАКЛЮЧЕНИЕ	РИТМ
ОПИСАНИЕ	СТИЛЬ
ДИАЛОГ	ТЕМА
МЕТАФОРА	ТРАГЕДИЯ

96 - Geography

```
Ю В О Р Т С О Ц Ж Т Ы Д П Р Г Ю
Н Ъ Г К Е Ж Ю К Х Е Ц Г К Ъ О А
Т Ъ А К Е Р Ю Щ Х Р П Т И Ц Р П
Е Ы Т О Н А Ю Р М Р В Ъ У М О П
Л Л О Н Л Р Н Ц И И В Т К М Д Ф
Ц С С Т Ш Я О С Р Т Ч Н А Е У Ь
Щ Б Ы И Ч И Е Ф О Б О Р Р Т Б
Ы П В Н Р И Г В Ы Р Д Ж Т И Я Ы
Ш Щ А Е О Ы Е Е К И Ъ Ф А Д М М
Я О С Н Т Ч Р Р О Я С Л З И П А
С А Л Т А Г О Р А У Ц Е А А Я Ю
М У Т Е А Р Е Ф С У Л О П Н А Р
Т О Л Я Т Е Т Г Ш П Щ Б А П Ь Т
О Р Р Х М Ъ Н С П С О Е Д Т С Н
Е А Ж Е Н Г С А С Н Н Д Л О И Ц
Ю Н У Я Р Г Х Ц Л М Л Ж Т Н Ч Т
```

ВЫСОТА	ГОРА
АТЛАС	СЕВЕР
ГОРОД	ОКЕАН
КОНТИНЕНТ	РЕГИОН
СТРАНА	РЕКА
ПОЛУСФЕРА	МОРЕ
ОСТРОВ	ЮГ
ШИРОТА	ТЕРРИТОРИЯ
КАРТА	ЗАПАД
МЕРИДИАН	МИР

97 - Jazz

```
Ж Ч Е К Н Ц Ы Р Л Ч И Ш М С У Я
И М П Р О В И З А Ц И Я М Т Х И
К Р О Т И З О П М О К О Щ А А Е
Ь Ю Ч Б И З В Е С Т Н Ы Й Р П Д
Ъ М Ч Я Ь Л И Т С Н И Н Ы Ы Л Щ
Ы Ч Б Е Ь Л Ш Н Н А Т А В Й О Щ
Н Е О Ж Г С А Е Д Л Н Б О С Д В
Р Г Ъ Б Т Х Ш Ц Л А И А Н Ь И Ц
Т О В Е Г А Я К А Т Я Р Е Ь С Х
С М У З Ы К А А Е П Ь А Н К М У
Е О Н Н А Р Б З И Ш Е Б Ъ Щ Е Д
К Я С И У Ъ Т Ы И Щ Щ С Ъ У Н О
Р Ч К Т Р Е Ц Н О К Е С Н Е Т Ж
О Р В Ц А К И Н Х Е Т Ъ Х Я Ы Н
К М Х Ю Ь В Я Ы О Х К П Ж Х Е И
Ъ Г Ы Р И Т М Т Е Б Р Р Т Х Ь К
```

АЛЬБОМ	ИМПРОВИЗАЦИЯ
АПЛОДИСМЕНТЫ	МУЗЫКА
ХУДОЖНИК	НОВЫЙ
КОМПОЗИТОР	СТАРЫЙ
СОСТАВ	ОРКЕСТР
КОНЦЕРТ	РИТМ
БАРАБАНЫ	ПЕСНЯ
АКЦЕНТ	СТИЛЬ
ИЗВЕСТНЫЙ	ТАЛАНТ
ИЗБРАННОЕ	ТЕХНИКА

98 - Nature

```
М  Й  И  Г  И  Т  Ж  Ъ  Ф  Ц  Л  Л  К  Л  И  Б
Н  И  Ы  Ч  О  Ц  У  С  Л  Л  Е  У  Е  Х  А  Е
Ы  К  Р  Б  И  О  Ш  М  Ж  О  Д  Ю  Ы  С  Р  З
Х  С  О  Н  П  Е  П  Г  А  Л  Н  Ъ  Н  П  К  М
Ъ  Е  Г  Ъ  Ы  Л  Е  Ч  П  Н  И  Т  Т  С  Т  Я
Ш  Ч  Щ  К  Е  Й  И  К  И  Д  К  Ы  О  Е  И  Т
С  И  Л  И  С  Т  В  А  Ш  Ь  И  Щ  В  С  Ч  Е
С  М  А  Г  Ц  О  Я  Д  Н  Ш  Ъ  У  И  Щ  Е  Ж
Х  А  Ю  Т  Д  Б  Н  Х  Ш  С  Ь  К  Ж  Ь  С  Н
Д  Н  Г  Е  В  Л  Ы  Л  А  К  С  К  П  Б  К  Ы
В  И  А  Р  У  А  Т  О  С  А  Р  К  М  Г  И  Й
У  Д  Т  Й  И  К  С  Е  Ч  И  П  О  Р  Т  Й  Щ
Ш  П  М  Х  О  А  У  Т  Ц  Х  Л  П  Ю  Ы  О  Ы
И  Ъ  Я  Х  С  К  П  Ф  Г  Х  Н  Б  Ц  Е  А  Ь
Н  П  Г  П  Ю  Е  Ф  Ъ  Ч  Э  Р  О  З  И  Я  Ф
Ц  Ю  Ч  Ч  С  Р  С  В  Я  Т  И  Л  И  Щ  Е  А
```

ЖИВОТНЫЕ	ЛИСТВА
АРКТИЧЕСКИЙ	ЛЕС
КРАСОТА	ЛЕДНИК
ПЧЕЛЫ	ГОРЫ
СКАЛЫ	МИРНЫЙ
ОБЛАКА	РЕКА
ПУСТЫНЯ	СВЯТИЛИЩЕ
ДИНАМИЧЕСКИЙ	БЕЗМЯТЕЖНЫЙ
ЭРОЗИЯ	ТРОПИЧЕСКИЙ
ТУМАН	ДИКИЙ

99 - Vacation #2

```
Ю Х В Ы В К Д Ъ Р Г А Р П Ю П П
Н Д И Б Е И Е О В Т Х И У Я А Л
М А З Ш Я Н Я М С О Ь П Т К С Я
О П А Ж В Я С Ъ П У Д З Е О П Ж
Р М Ж К М Т М Ф И И Г О Ш Р О И
О Т Е Л Ь О Б Щ К С Н Х Е Т Р Н
Ы Р О Г Ч У Р Щ Ю К А Г С Р Т О
П О Я А И Ю С Е С А Р Т Т А Ь С
В П П А Л А Т К А Т О Ж В Н Ь Т
Щ О Щ Л В Ы О П Ы Х Т Н И С Л Р
Ф Р Б Ъ Ц Ы С Н Е Ц С П Е П В А
Ф Э У В Н А Т Я Г А Е Е Д О Л Н
Ь А Т Р А К Р Б Е Ы Р В Ж Р Б Н
Л Г Т Ь Ш О О Н Ф Г К В Я Т Е Ы
Б О Л К Ь С В П Р А З Д Н И К Й
И Н О С Т Р А Н Е Ц Щ Ь Р Ю Т У
```

АЭРОПОРТ	КАРТА
ПЛЯЖ	ГОРЫ
КЕМПИНГ	ПАСПОРТ
ИНОСТРАННЫЙ	РЕСТОРАН
ИНОСТРАНЕЦ	МОРЕ
ПРАЗДНИК	ТАКСИ
ОТЕЛЬ	ПАЛАТКА
ОСТРОВ	ПОЕЗД
ПУТЕШЕСТВИЕ	ТРАНСПОРТ
ДОСУГ	ВИЗА

100 - Electricity

```
Ы Ф Ы Ф Ы Э К О Л И Ч Е С Т В О
А А Р К Ж Л Н О Т И Н Г А М Ы Ш
Й С М Д Я Е Ю Н Э Б О Ф О Ъ Е П
Ы К У Ь Ь К Ъ Т И Л Ф Ф Щ Т Ъ Р
Н Д Р Р О Т А Р Е Н Е Г В С У О
Ь А А Ы Ц Р Е З А Л Л К Ч У Я В
Л Е З Н Ю И Г С С Я Е Л Т К К О
Е Щ Ъ Ж У Ч Ц Ы Х С Т А Х Р К Д
Т Р Е Ь Л Е Б А К Ь М М М К И А
А А М Ш О С В Ш К П Б П Я Щ Р К
Ц Ю Д Ы Т К Е Ъ Б О Т А Ж Ш Ш Е
И Т Р Ъ Е И Н А В О Д У Р О Б О
Р К Н И Я Й Л А М П О Ч К А Р Г
Т Е Л Е В И Д Е Н И Е У О Д В П
О У У У Ь Ь Б Б А Т А Р Е Я М Ъ
П О Л О Ж И Т Е Л Ь Н Ы Й Ю К Ш
```

БАТАРЕЯ	ОТРИЦАТЕЛЬНЫЙ
ЛАМПОЧКА	СЕТЬ
КАБЕЛЬ	ОБЪЕКТЫ
ЭЛЕКТРИЧЕСКИЙ	ПОЛОЖИТЕЛЬНЫЙ
ЭЛЕКТРИК	КОЛИЧЕСТВО
ОБОРУДОВАНИЕ	РАЗЪЕМ
ГЕНЕРАТОР	ТЕЛЕФОН
ЛАМПА	ТЕЛЕВИДЕНИЕ
ЛАЗЕР	ПРОВОДА
МАГНИТ	

1 - Antiques

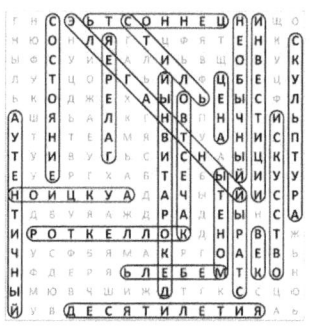

2 - Food #1

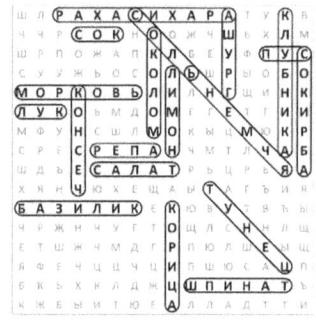

3 - Measurements

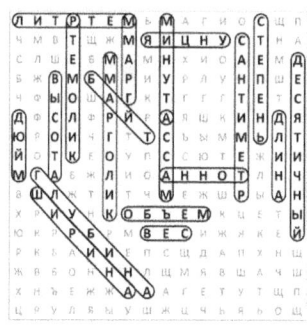

4 - Farm #2

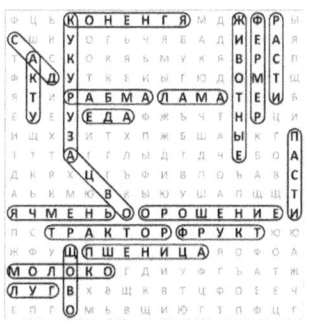

5 - Books

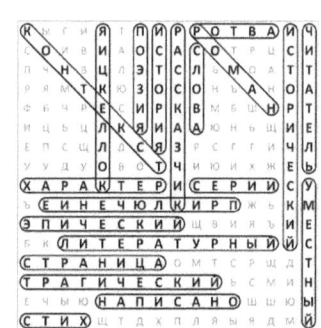

6 - Meditation

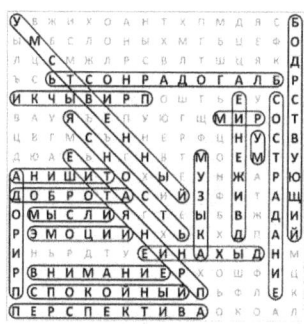

7 - Days and Months

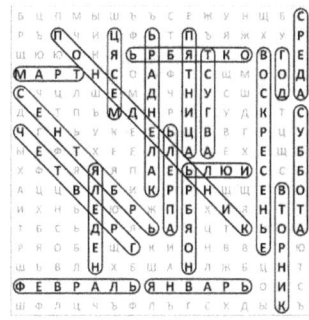

8 - Energy

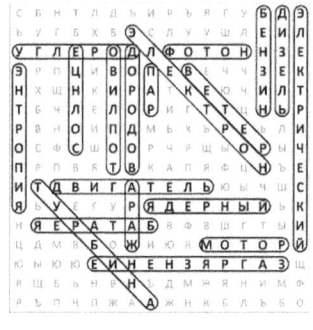

9 - Chess

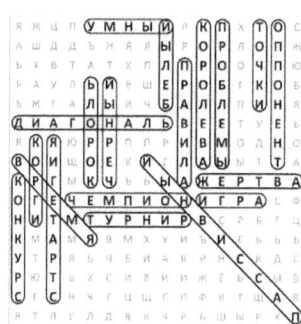

10 - Archeology

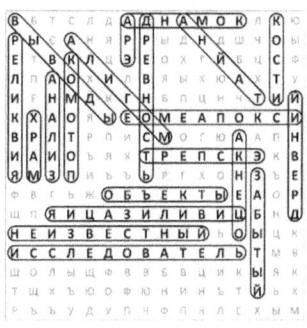

11 - Food #2

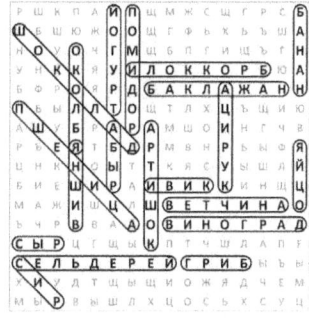

12 - Chemistry

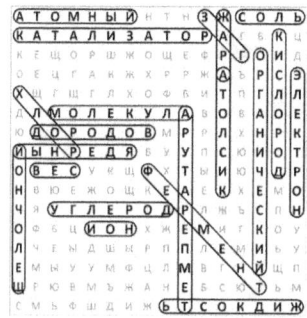

13 - Music

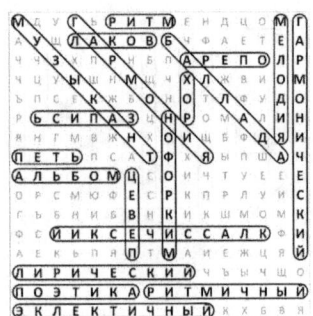

14 - Family

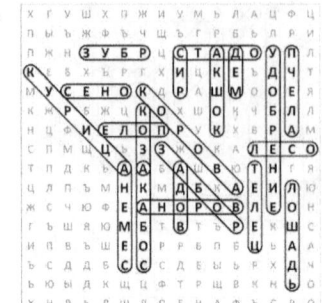

15 - Farm #1

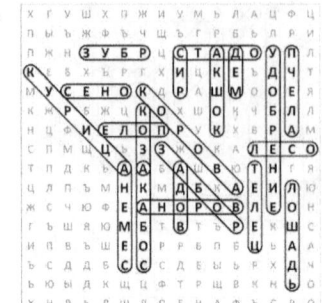

16 - Camping

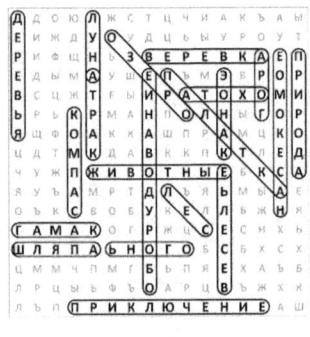

17 - Algebra

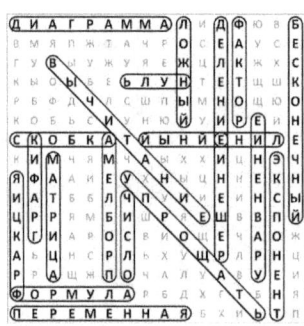

18 - Numbers

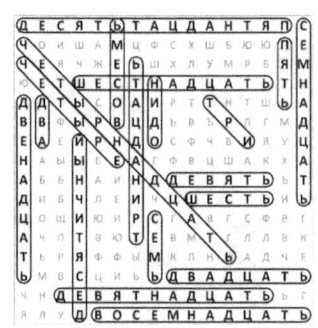

19 - Spices

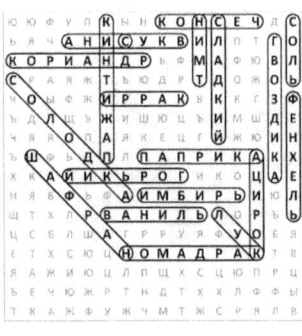

20 - Universe

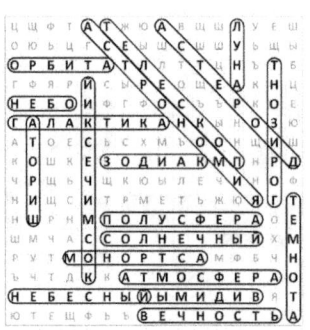

21 - Mammals

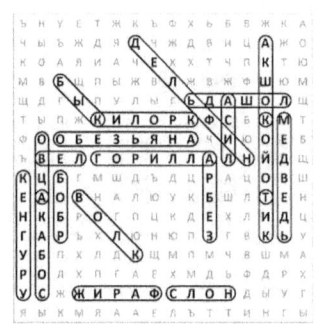

22 - Fishing

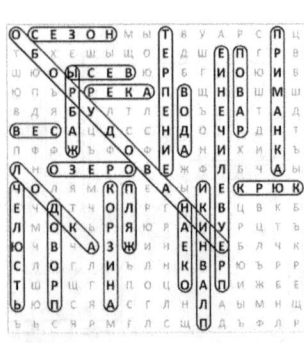

23 - Bees

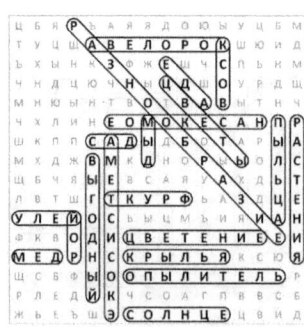

24 - Weather

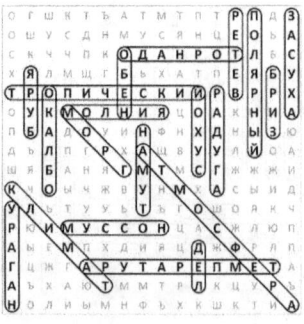

25 - Adventure

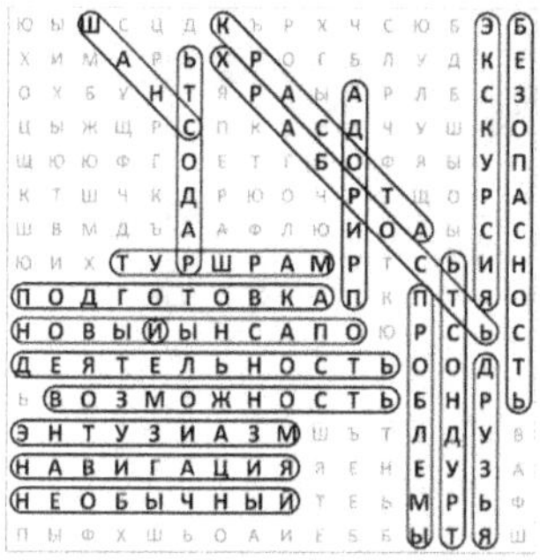

26 - Restaurant #2

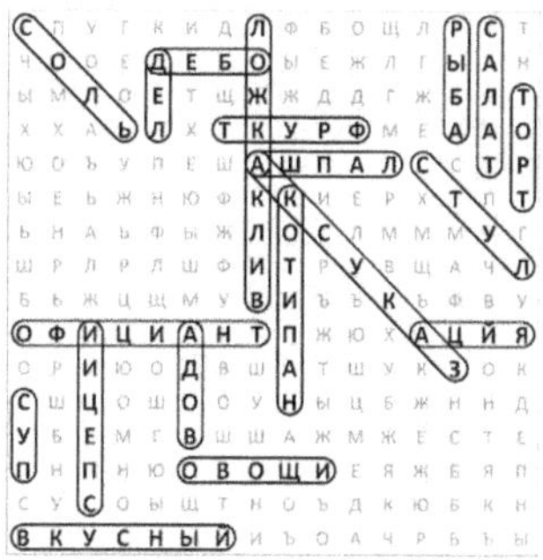

27 - Geology

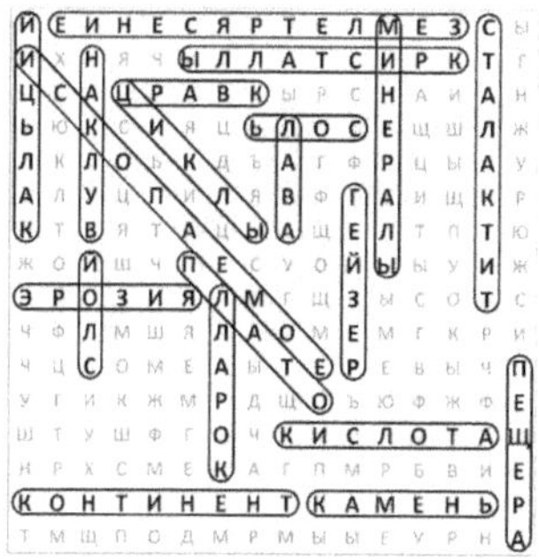

28 - House

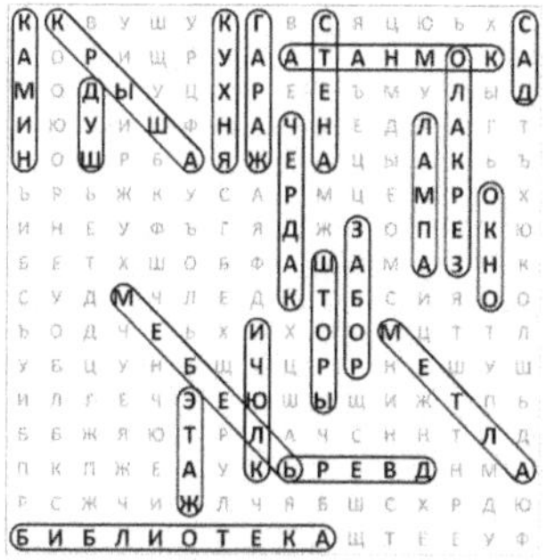

29 - Physics

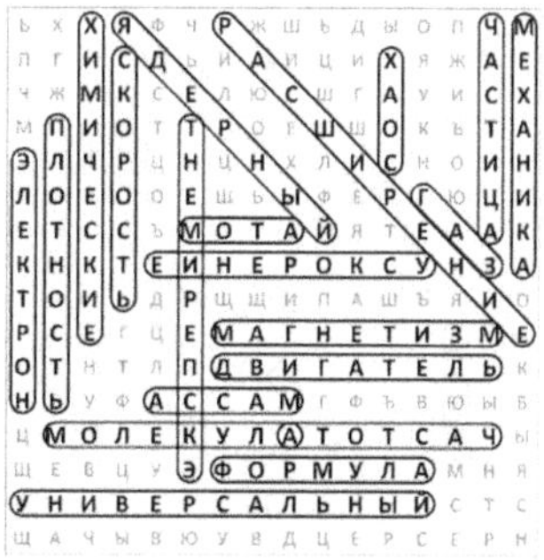

30 - Dance

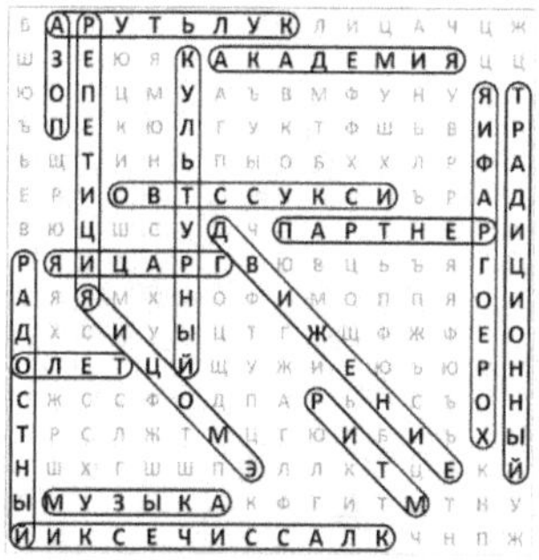

31 - Coffee

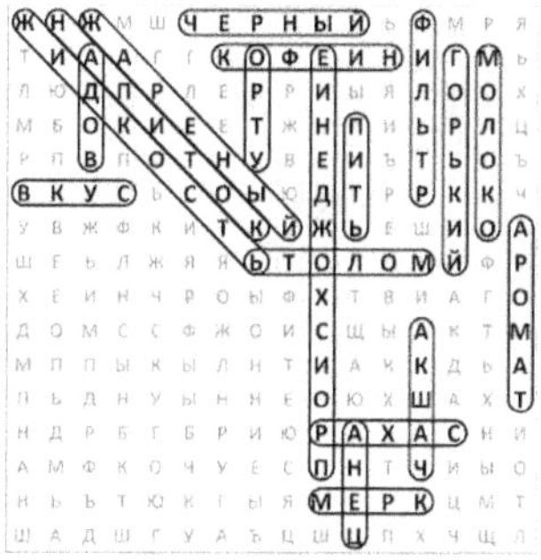

32 - Shapes

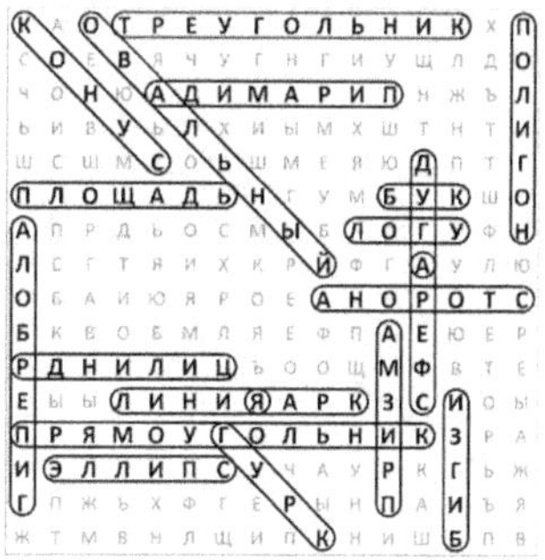

33 - Scientific Disciplines

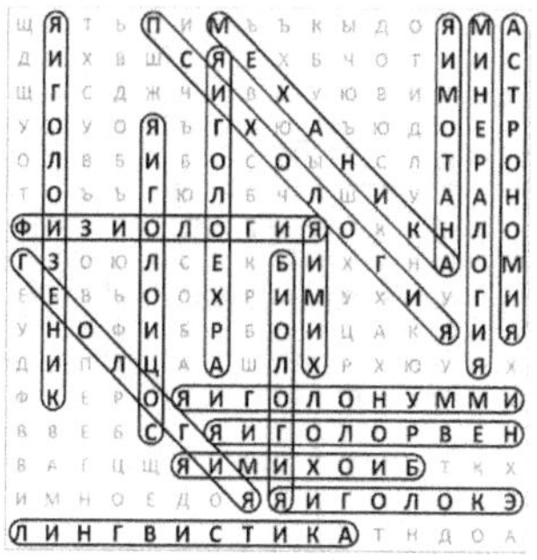

34 - Science

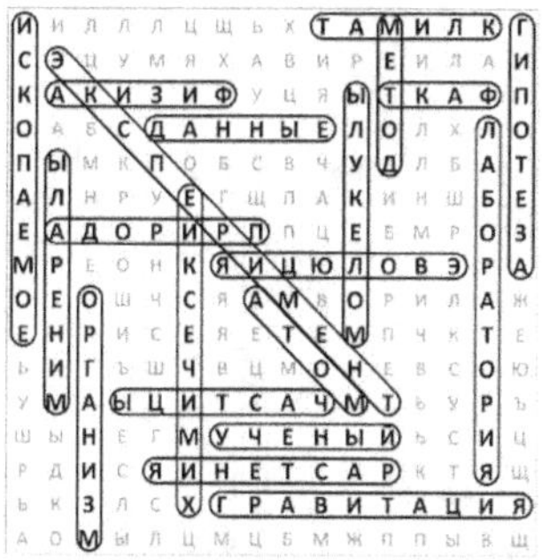

35 - Beauty

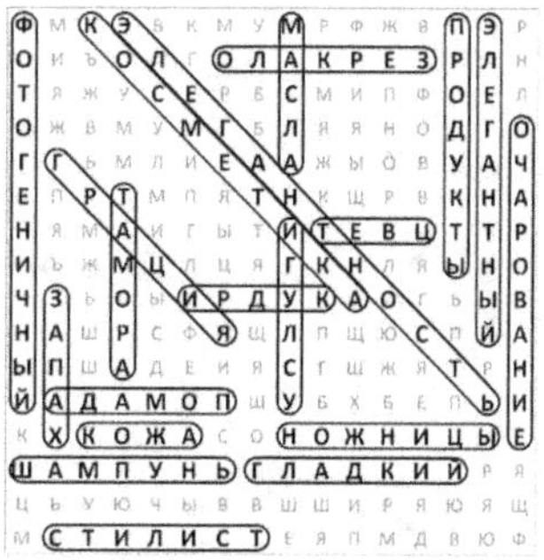

36 - Clothes

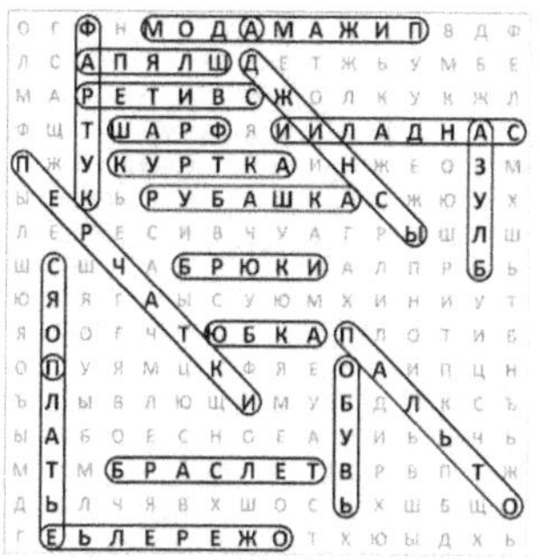

37 - Insects

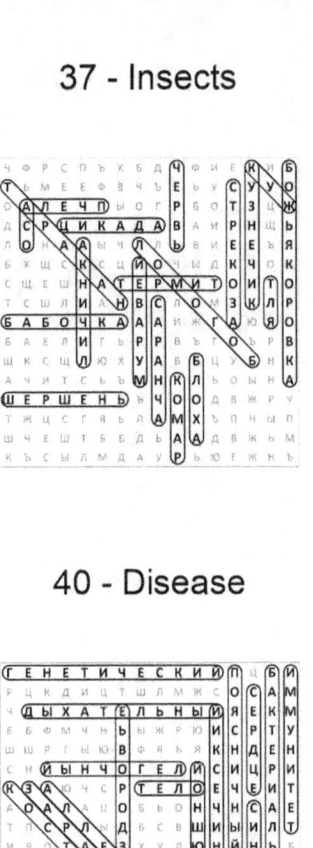

38 - Astronomy

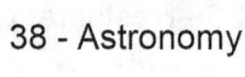
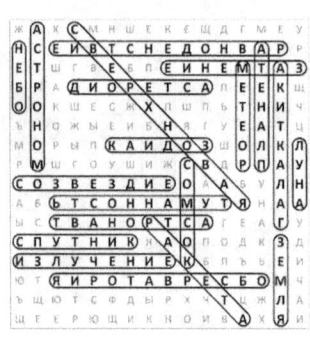

39 - Health and Wellness #2

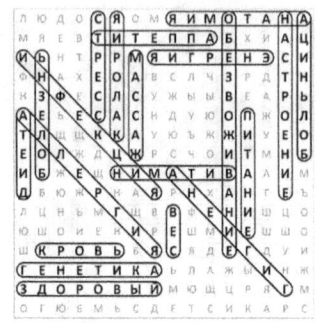

40 - Disease

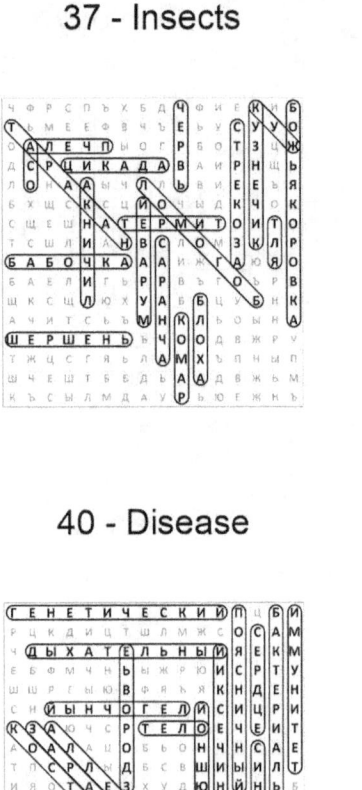

41 - Time

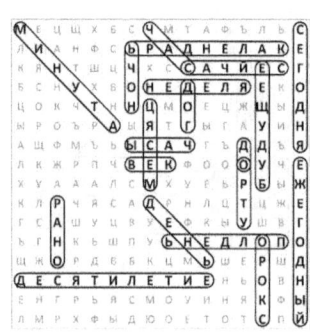

42 - Buildings

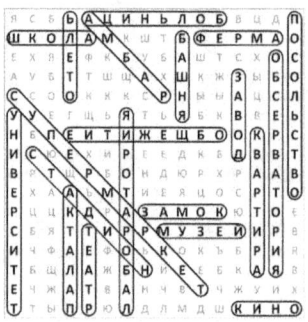

43 - Gardening

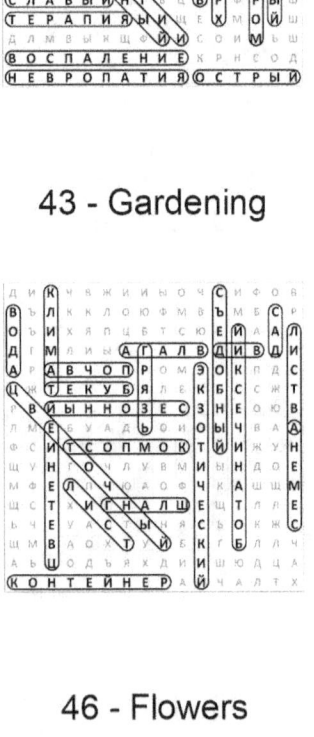

44 - Herbalism

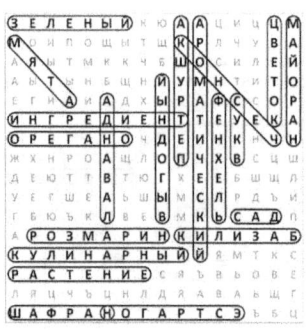

45 - Vehicles

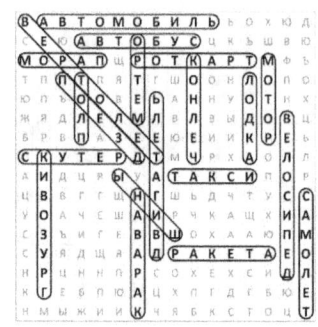

46 - Flowers

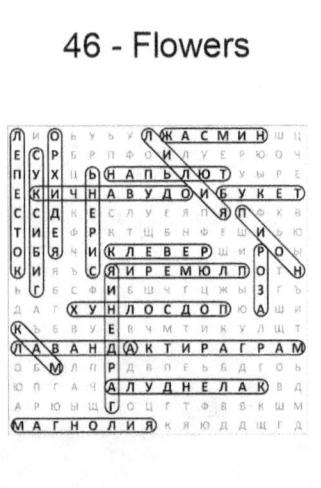

47 - Health and Wellness #1

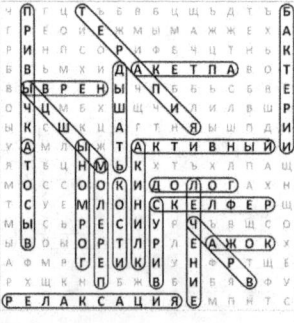

48 - Town

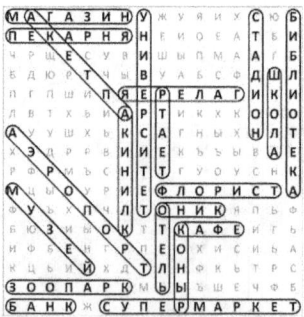

49 - Antarctica

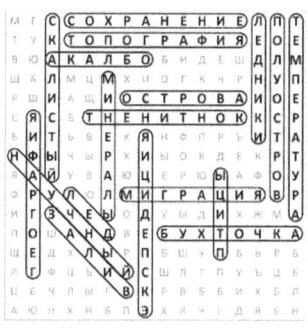

50 - Ballet

51 - Fashion

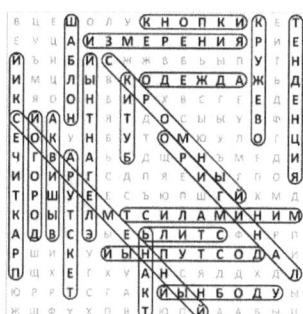

52 - Human Body

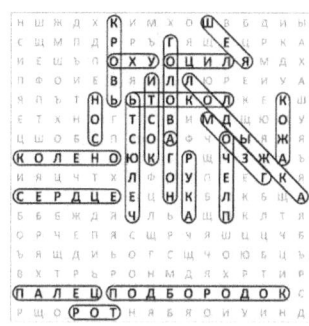

53 - Musical Instruments

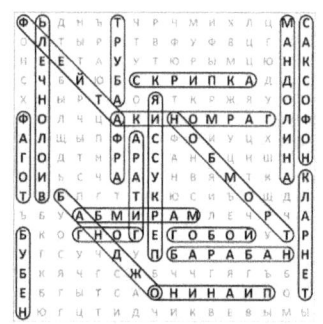

54 - Fruit

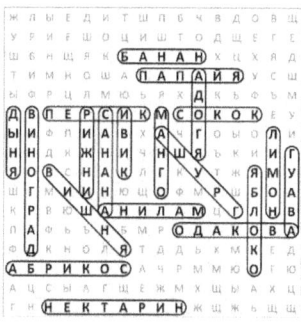

55 - Engineering

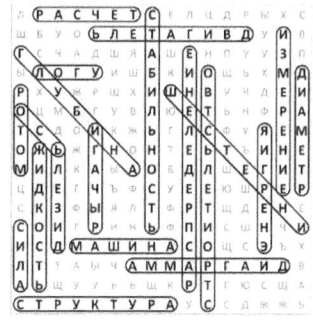

56 - Government

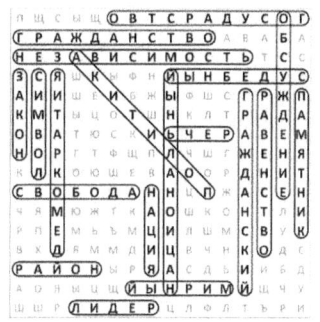

57 - Art Supplies

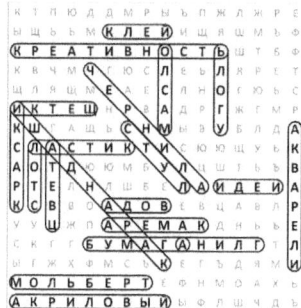

58 - Science Fiction

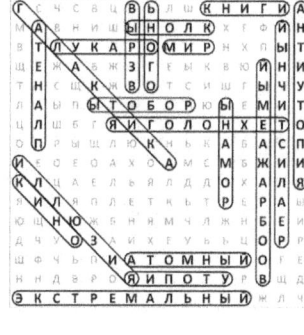

59 - Geometry

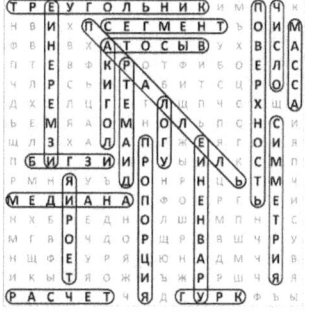

60 - Airplanes

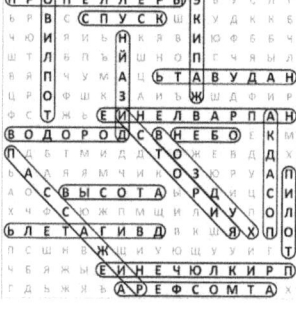

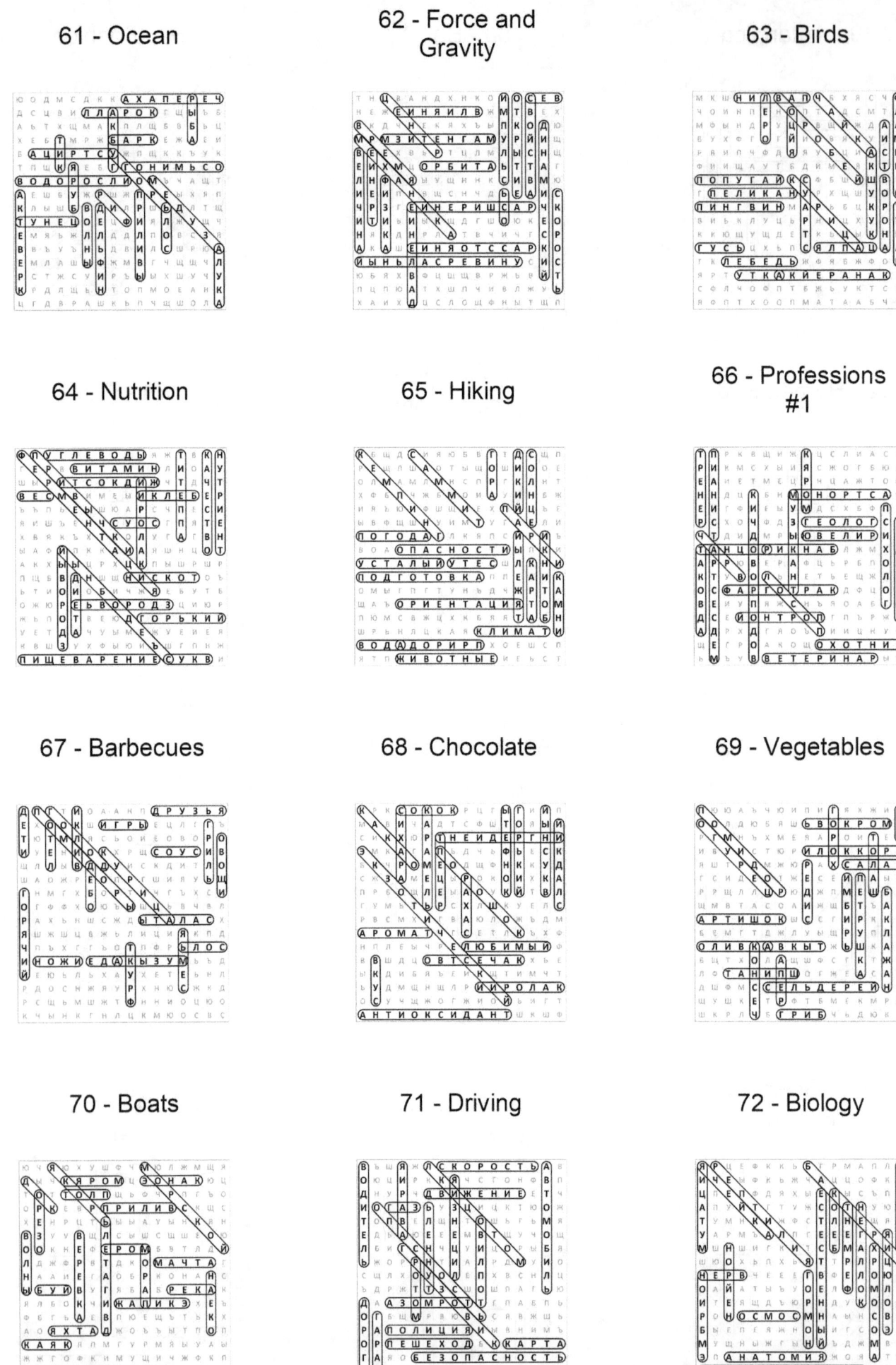

61 - Ocean

62 - Force and Gravity

63 - Birds

64 - Nutrition

65 - Hiking

66 - Professions #1

67 - Barbecues

68 - Chocolate

69 - Vegetables

70 - Boats

71 - Driving

72 - Biology

73 - Professions #2

74 - Emotions

75 - Mythology

76 - Agronomy

77 - Hair Types

78 - Garden

79 - Diplomacy

80 - Countries #1

81 - Immigration

82 - Adjectives #1

83 - Global Warming

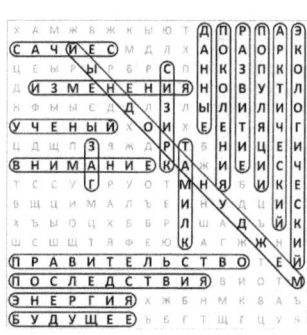

84 - Landscapes

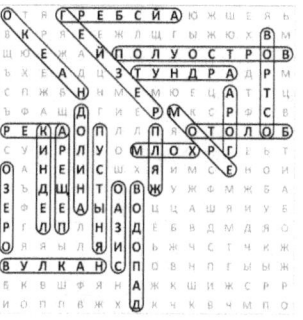

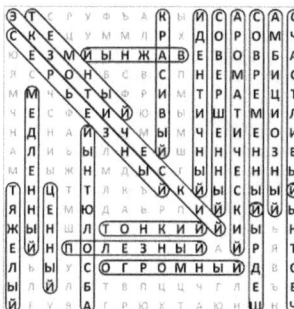

85 - Visual Arts

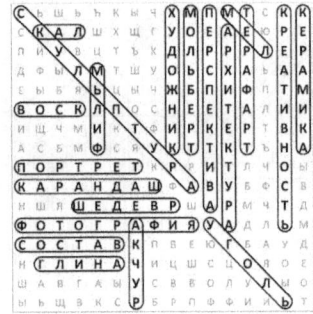

86 - Plants

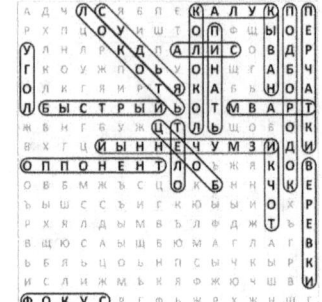

87 - Boxing

88 - Countries #2

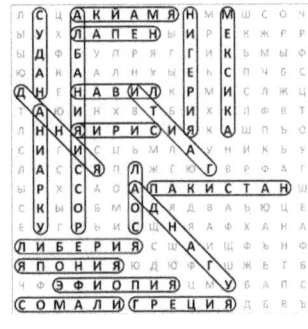

89 - Adjectives #2

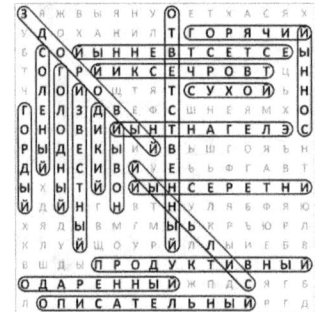

90 - Psychology

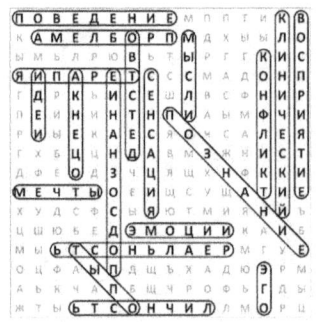

91 - Math

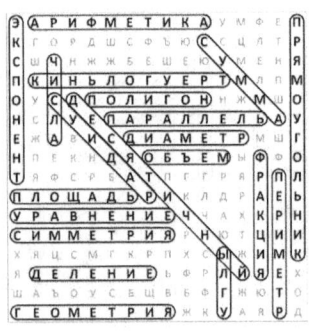

92 - Water

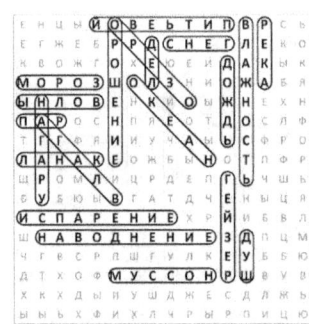

93 - Activities

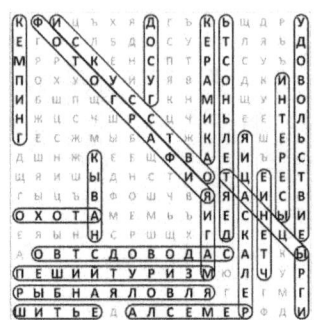

94 - Business

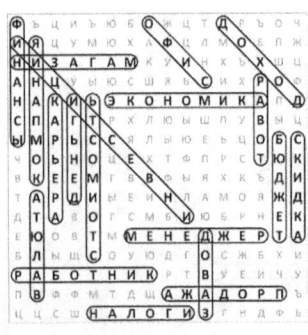

95 - Literature

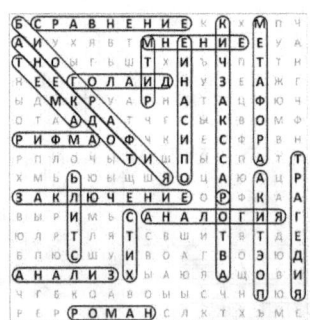

96 - Geography

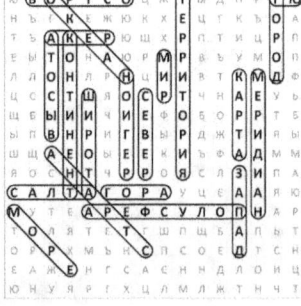

97 - Jazz

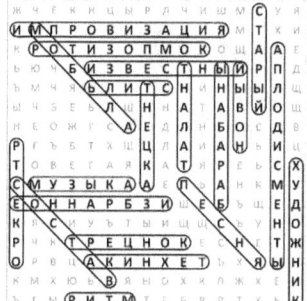

98 - Nature

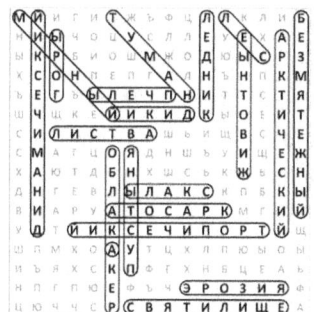

99 - Vacation #2

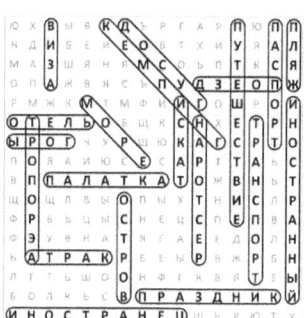

100 - Electricity

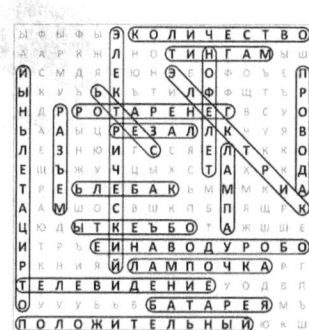

Dictionary

Activities
Виды Деятельности

Activity	Деятельность
Art	Искусство
Camping	Кемпинг
Ceramics	Керамика
Crafts	Ремесла
Dancing	Танцы
Fishing	Рыбная Ловля
Games	Игры
Gardening	Садоводство
Hiking	Пеший Туризм
Hunting	Охота
Interests	Интересы
Leisure	Досуг
Magic	Магия
Photography	Фотография
Pleasure	Удовольствие
Reading	Чтение
Relaxation	Релаксация
Sewing	Шитье
Skill	Навык

Adjectives #1
Прилагательные #1

Absolute	Абсолютный
Ambitious	Амбициозный
Aromatic	Ароматический
Beautiful	Красивый
Dark	Темный
Exotic	Экзотический
Generous	Щедрый
Happy	Счастливый
Heavy	Тяжелый
Helpful	Полезный
Honest	Честный
Huge	Огромный
Identical	Идентичный
Important	Важный
Modern	Современный
Perfect	Совершенный
Serious	Серьезный
Slow	Медленный
Thin	Тонкий
Valuable	Ценный

Adjectives #2
Прилагательные #2

Authentic	Аутентичный
Creative	Творческий
Descriptive	Описательный
Dry	Сухой
Elegant	Элегантный
Famous	Известный
Gifted	Одаренный
Healthy	Здоровый
Hot	Горячий
Hungry	Голодный
Interesting	Интересный
Natural	Естественный
New	Новый
Productive	Продуктивный
Proud	Гордый
Responsible	Ответственный
Salty	Соленый
Sleepy	Сонный
Strong	Сильный
Wild	Дикий

Adventure
Приключение

Activity	Деятельность
Beauty	Красота
Bravery	Храбрость
Challenges	Проблемы
Chance	Шанс
Dangerous	Опасный
Difficulty	Трудность
Enthusiasm	Энтузиазм
Excursion	Экскурсия
Friends	Друзья
Itinerary	Маршрут
Joy	Радость
Nature	Природа
Navigation	Навигация
New	Новый
Opportunity	Возможность
Preparation	Подготовка
Safety	Безопасность
Unusual	Необычный

Agronomy
Агрономия

Diseases	Болезни
Ecology	Экология
Energy	Энергия
Erosion	Эрозия
Fertilizer	Удобрение
Food	Еда
Growth	Рост
Identification	Идентификация
Organic	Органический
Plants	Растения
Pollution	Загрязнение
Production	Производство
Research	Исследование
Rural	Сельский
Science	Наука
Seeds	Семена
Study	Изучать
Systems	Системы
Vegetables	Овощи
Water	Вода

Airplanes
Самолеты

Adventure	Приключение
Air	Воздух
Atmosphere	Атмосфера
Balloon	Воздушный Шар
Construction	Строительство
Crew	Экипаж
Descent	Спуск
Design	Дизайн
Direction	Направление
Engine	Двигатель
Fuel	Топливо
Height	Высота
History	История
Hydrogen	Водород
Inflate	Надувать
Landing	Посадка
Passenger	Пассажир
Pilot	Пилот
Propellers	Пропеллеры
Sky	Небо

Algebra
Алгебра

Diagram	Диаграмма
Division	Деление
Equation	Уравнение
Exponent	Экспонент
Factor	Фактор
False	Ложный
Formula	Формула
Fraction	Фракция
Graph	График
Infinite	Бесконечный
Linear	Линейный
Matrix	Матрица
Number	Число
Parenthesis	Скобка
Problem	Проблема
Simplify	Упрощать
Solution	Решение
Subtraction	Вычитание
Variable	Переменная
Zero	Нуль

Antarctica
Антарктида

Bay	Залив
Birds	Птицы
Clouds	Облака
Conservation	Сохранение
Continent	Континент
Cove	Бухточка
Expedition	Экспедиция
Geography	География
Glaciers	Ледники
Ice	Лед
Islands	Острова
Migration	Миграция
Minerals	Минералы
Peninsula	Полуостров
Researcher	Исследователь
Rocky	Скалистый
Scientific	Научный
Temperature	Температура
Topography	Топография
Water	Вода

Antiques
Антиквариат

Art	Искусство
Auction	Аукцион
Authentic	Аутентичный
Century	Век
Coins	Монеты
Collector	Коллектор
Condition	Состояние
Decades	Десятилетия
Decorative	Декоративный
Elegant	Элегантный
Furniture	Мебель
Gallery	Галерея
Investment	Инвестиции
Old	Старый
Price	Цена
Quality	Качество
Sculpture	Скульптура
Style	Стиль
Unusual	Необычный
Value	Ценность

Archeology
Археология

Analysis	Анализ
Ancient	Древний
Antiquity	Древность
Bones	Кости
Civilization	Цивилизация
Descendant	Потомок
Era	Эра
Evaluation	Оценка
Expert	Эксперт
Findings	Выводы
Forgotten	Забытый
Fossil	Ископаемое
Mystery	Тайна
Objects	Объекты
Relic	Реликвия
Researcher	Исследователь
Team	Команда
Temple	Храм
Tomb	Могила
Unknown	Неизвестный

Art Supplies
Художественные Принадлежности

Acrylic	Акриловый
Brushes	Щетки
Camera	Камера
Chair	Стул
Charcoal	Уголь
Clay	Глина
Colors	Цвета
Creativity	Креативность
Easel	Мольберт
Eraser	Ластик
Glue	Клей
Ideas	Идеи
Ink	Чернила
Oil	Масло
Paints	Краски
Paper	Бумага
Pencils	Карандаши
Table	Стол
Water	Вода
Watercolors	Акварели

Astronomy
Астрономия

Asteroid	Астероид
Astronaut	Астронавт
Astronomer	Астроном
Constellation	Созвездие
Cosmos	Космос
Earth	Земля
Eclipse	Затмение
Equinox	Равноденствие
Galaxy	Галактика
Meteor	Метеор
Moon	Луна
Nebula	Туманность
Observatory	Обсерватория
Planet	Планета
Radiation	Излучение
Rocket	Ракета
Satellite	Спутник
Sky	Небо
Supernova	Сверхновая
Zodiac	Зодиак

Ballet
Балет

Applause	Аплодисменты
Audience	Аудитория
Ballerina	Балерина
Choreography	Хореография
Composer	Композитор
Dancers	Танцоры
Expressive	Выразительный
Gesture	Жест
Intensity	Интенсивность
Lessons	Уроки
Muscles	Мышцы
Music	Музыка
Orchestra	Оркестр
Practice	Практика
Rehearsal	Репетиция
Rhythm	Ритм
Skill	Навык
Solo	Соло
Style	Стиль
Technique	Техника

Barbecues
Барбекю

Chicken	Курица
Children	Дети
Dinner	Обед
Family	Семья
Food	Еда
Forks	Вилки
Friends	Друзья
Fruit	Фрукт
Games	Игры
Grill	Гриль
Hot	Горячий
Hunger	Голод
Knives	Ножи
Music	Музыка
Salads	Салаты
Salt	Соль
Sauce	Соус
Summer	Лето
Tomatoes	Помидоры
Vegetables	Овощи

Beauty
Красота

Charm	Очарование
Color	Цвет
Cosmetics	Косметика
Curls	Кудри
Elegance	Элегантность
Elegant	Элегантный
Fragrance	Аромат
Grace	Грация
Lipstick	Помада
Mirror	Зеркало
Oils	Масла
Photogenic	Фотогеничный
Products	Продукты
Scent	Запах
Scissors	Ножницы
Services	Услуги
Shampoo	Шампунь
Skin	Кожа
Smooth	Гладкий
Stylist	Стилист

Bees
Пчелы

Beneficial	Выгодный
Blossom	Цветение
Diversity	Разнообразие
Ecosystem	Экосистема
Flowers	Цветы
Food	Еда
Fruit	Фрукт
Garden	Сад
Hive	Улей
Honey	Мед
Insect	Насекомое
Plants	Растения
Pollen	Пыльца
Pollinator	Опылитель
Queen	Королева
Smoke	Дым
Sun	Солнце
Swarm	Рой
Wax	Воск
Wings	Крылья

Biology
Биология

Anatomy	Анатомия
Bacteria	Бактерии
Cell	Ячейка
Chromosome	Хромосома
Collagen	Коллаген
Embryo	Эмбрион
Enzyme	Фермент
Evolution	Эволюция
Hormone	Гормон
Mammal	Млекопитающее
Mutation	Мутация
Natural	Естественный
Nerve	Нерв
Neuron	Нейрон
Osmosis	Осмос
Photosynthesis	Фотосинтез
Protein	Белок
Reptile	Рептилия
Symbiosis	Симбиоз
Synapse	Синапс

Birds
Птицы

Canary	Канарейка
Chicken	Курица
Crow	Ворона
Cuckoo	Кукушка
Duck	Утка
Eagle	Орел
Egg	Яйцо
Flamingo	Фламинго
Goose	Гусь
Gull	Чайка
Heron	Цапля
Ostrich	Страус
Parrot	Попугай
Peacock	Павлин
Pelican	Пеликан
Penguin	Пингвин
Sparrow	Воробей
Stork	Аист
Swan	Лебедь
Toucan	Тукан

Boats
Лодки

Anchor	Якорь
Buoy	Буй
Canoe	Каноэ
Crew	Экипаж
Dock	Док
Engine	Двигатель
Ferry	Паром
Kayak	Каяк
Lake	Озеро
Mast	Мачта
Nautical	Морской
Ocean	Океан
Raft	Плот
River	Река
Rope	Веревка
Sailor	Моряк
Sea	Море
Tide	Прилив
Waves	Волны
Yacht	Яхта

Books
Книги

Adventure	Приключение
Author	Автор
Character	Характер
Collection	Коллекция
Context	Контекст
Epic	Эпический
Historical	Исторический
Literary	Литературный
Narrator	Рассказчик
Novel	Роман
Page	Страница
Poem	Стих
Poetry	Поэзия
Reader	Читатель
Relevant	Уместный
Series	Серии
Story	История
Tragic	Трагический
Words	Слова
Written	Написано

Boxing
Заниматься Боксом

Bell	Колокол
Body	Тело
Chin	Подбородок
Corner	Угол
Elbow	Локоть
Exhausted	Измученный
Fighter	Боец
Fist	Кулак
Focus	Фокус
Gloves	Перчатки
Injuries	Травм
Kick	Пинать
Opponent	Оппонент
Points	Точки
Quick	Быстрый
Referee	Судья
Ropes	Веревки
Skill	Навык
Strength	Сила

Buildings
Здания

Apartment	Квартира
Barn	Амбар
Castle	Замок
Cinema	Кино
Embassy	Посольство
Factory	Завод
Farm	Ферма
Hospital	Больница
Hostel	Общежитие
Hotel	Отель
Laboratory	Лаборатория
Museum	Музей
Observatory	Обсерватория
School	Школа
Stadium	Стадион
Supermarket	Супермаркет
Tent	Палатка
Theater	Театр
Tower	Башня
University	Университет

Business
Бизнес

Budget	Бюджет
Career	Карьера
Company	Компания
Cost	Стоимость
Currency	Валюта
Discount	Скидка
Economics	Экономика
Employee	Работник
Employer	Работодатель
Factory	Завод
Finance	Финансы
Income	Доход
Investment	Инвестиции
Manager	Менеджер
Merchandise	Товар
Money	Деньги
Office	Офис
Sale	Продажа
Shop	Магазин
Taxes	Налоги

Camping
Кемпинг

Adventure	Приключение
Animals	Животные
Canoe	Каноэ
Compass	Компас
Equipment	Оборудование
Fire	Огонь
Forest	Лес
Fun	Веселье
Hammock	Гамак
Hat	Шляпа
Hunting	Охота
Insect	Насекомое
Lake	Озеро
Map	Карта
Moon	Луна
Mountain	Гора
Nature	Природа
Rope	Веревка
Tent	Палатка
Trees	Деревья

Chemistry
Химия

Acid	Кислота
Alkaline	Щелочной
Atomic	Атомный
Carbon	Углерод
Catalyst	Катализатор
Chlorine	Хлор
Electron	Электрон
Enzyme	Фермент
Gas	Газ
Heat	Жара
Hydrogen	Водород
Ion	Ион
Liquid	Жидкость
Molecule	Молекула
Nuclear	Ядерный
Organic	Органический
Oxygen	Кислород
Salt	Соль
Temperature	Температура
Weight	Вес

Chess
Шахматы

Black	Черный
Challenges	Проблемы
Champion	Чемпион
Clever	Умный
Contest	Конкурс
Diagonal	Диагональ
Game	Игра
King	Король
Opponent	Оппонент
Passive	Пассивный
Player	Игрок
Points	Точки
Queen	Королева
Rules	Правила
Sacrifice	Жертва
Strategy	Стратегия
Time	Время
Tournament	Турнир
White	Белый

Chocolate
Шоколад

Antioxidant	Антиоксидант
Aroma	Аромат
Bitter	Горький
Cacao	Какао
Calories	Калории
Candy	Конфеты
Caramel	Карамель
Coconut	Кокос
Delicious	Вкусный
Exotic	Экзотический
Favorite	Любимый
Ingredient	Ингредиент
Peanuts	Арахис
Powder	Порошок
Quality	Качество
Recipe	Рецепт
Sugar	Сахар
Sweet	Сладкий
Taste	Вкус

Clothes
Одежда

Apron	Фартук
Belt	Пояс
Blouse	Блуза
Bracelet	Браслет
Coat	Пальто
Dress	Платье
Fashion	Мода
Gloves	Перчатки
Hat	Шляпа
Jacket	Куртка
Jeans	Джинсы
Necklace	Ожерелье
Pajamas	Пижама
Pants	Брюки
Sandals	Сандалии
Scarf	Шарф
Shirt	Рубашка
Shoe	Обувь
Skirt	Юбка
Sweater	Свитер

Coffee
Кофе

Aroma	Аромат
Beverage	Напиток
Bitter	Горький
Black	Черный
Caffeine	Кофеин
Cream	Крем
Cup	Чашка
Filter	Фильтр
Flavor	Вкус
Grind	Молоть
Liquid	Жидкость
Milk	Молоко
Morning	Утро
Origin	Происхождение
Price	Цена
Roasted	Жареный
Sugar	Сахар
To Drink	Пить
Variety	Разнообразие
Water	Вода

Countries #1
Страны #1

Brazil	Бразилия
Canada	Канада
Egypt	Египет
Finland	Финляндия
Germany	Германия
Iraq	Ирак
Israel	Израиль
Italy	Италия
Latvia	Латвия
Libya	Ливия
Morocco	Марокко
Nicaragua	Никарагуа
Norway	Норвегия
Panama	Панама
Poland	Польша
Romania	Румыния
Senegal	Сенегал
Spain	Испания
Venezuela	Венесуэла
Vietnam	Вьетнам

Countries #2
Страны #2

Albania	Албания
Denmark	Дания
Ethiopia	Эфиопия
Greece	Греция
Haiti	Гаити
Jamaica	Ямайка
Japan	Япония
Laos	Лаос
Lebanon	Ливан
Liberia	Либерия
Mexico	Мексика
Nepal	Непал
Nigeria	Нигерия
Pakistan	Пакистан
Russia	Россия
Somalia	Сомали
Sudan	Судан
Syria	Сирия
Uganda	Уганда
Ukraine	Украина

Dance
Танец

Academy	Академия
Art	Искусство
Body	Тело
Choreography	Хореография
Classical	Классический
Cultural	Культурный
Culture	Культура
Emotion	Эмоция
Expressive	Выразительный
Grace	Грация
Joyful	Радостный
Movement	Движение
Music	Музыка
Partner	Партнер
Posture	Поза
Rehearsal	Репетиция
Rhythm	Ритм
Traditional	Традиционный
Visual	Визуальный

Days and Months
Дни и Месяцы

April	Апрель
August	Август
Calendar	Календарь
February	Февраль
Friday	Пятница
January	Январь
July	Июль
March	Март
Monday	Понедельник
Month	Месяц
November	Ноябрь
October	Октябрь
Saturday	Суббота
September	Сентябрь
Sunday	Воскресенье
Thursday	Четверг
Tuesday	Вторник
Wednesday	Среда
Week	Неделя
Year	Год

Diplomacy
Дипломатия

Adviser	Советник
Ally	Союзник
Ambassador	Посол
Citizens	Граждане
Civic	Гражданский
Community	Сообщество
Conflict	Конфликт
Discussion	Обсуждение
Embassy	Посольство
Ethics	Этика
Foreign	Иностранный
Government	Правительство
Humanitarian	Гуманитарный
Integrity	Целостность
Languages	Языки
Politics	Политика
Resolution	Резолюция
Security	Безопасность
Solution	Решение
Treaty	Договор

Disease
Заболевание

Abdominal	Брюшной
Acute	Острый
Allergies	Аллергии
Bacterial	Бактериальный
Body	Тело
Bones	Кости
Chronic	Хронический
Contagious	Заразный
Genetic	Генетический
Health	Здоровье
Heart	Сердце
Immunity	Иммунитет
Inflammation	Воспаление
Lumbar	Поясничный
Neuropathy	Невропатия
Pulmonary	Легочный
Respiratory	Дыхательный
Syndrome	Синдром
Therapy	Терапия
Weak	Слабый

Driving
Вождение

Accident	Авария
Brakes	Тормоза
Car	Автомобиль
Danger	Опасность
Driver	Водитель
Fuel	Топливо
Garage	Гараж
Gas	Газ
License	Лицензия
Map	Карта
Motor	Мотор
Motorcycle	Мотоцикл
Pedestrian	Пешеход
Police	Полиция
Road	Дорога
Safety	Безопасность
Speed	Скорость
Traffic	Движение
Truck	Грузовик
Tunnel	Туннель

Electricity
Электричество

Battery	Батарея
Bulb	Лампочка
Cable	Кабель
Electric	Электрический
Electrician	Электрик
Equipment	Оборудование
Generator	Генератор
Lamp	Лампа
Laser	Лазер
Magnet	Магнит
Negative	Отрицательный
Network	Сеть
Objects	Объекты
Positive	Положительный
Quantity	Количество
Socket	Разъем
Telephone	Телефон
Television	Телевидение
Wires	Провода

Emotions
Эмоции

Anger	Гнев
Bliss	Блаженство
Boredom	Скука
Calm	Спокойный
Content	Содержание
Embarrassed	Смущенный
Fear	Страх
Grateful	Благодарный
Joy	Радость
Kindness	Доброта
Love	Любовь
Peace	Мир
Relaxed	Расслабленный
Relief	Облегчение
Sadness	Печаль
Satisfied	Доволен
Surprise	Сюрприз
Sympathy	Симпатия
Tenderness	Нежность
Tranquility	Спокойствие

Energy
Энергия

Battery	Батарея
Carbon	Углерод
Diesel	Дизель
Electric	Электрический
Electron	Электрон
Engine	Двигатель
Entropy	Энтропия
Fuel	Топливо
Gasoline	Бензин
Heat	Жара
Hydrogen	Водород
Motor	Мотор
Nuclear	Ядерный
Photon	Фотон
Pollution	Загрязнение
Steam	Пар
Sun	Солнце
Turbine	Турбина
Wind	Ветер

Engineering
Инженерия

Angle	Угол
Axis	Ось
Calculation	Расчет
Construction	Строительство
Depth	Глубина
Diagram	Диаграмма
Diameter	Диаметр
Diesel	Дизель
Distribution	Распределение
Energy	Энергия
Engine	Двигатель
Gears	Шестерни
Levers	Рычаги
Liquid	Жидкость
Machine	Машина
Measurement	Измерение
Motor	Мотор
Stability	Стабильность
Strength	Сила
Structure	Структура

Family
Семья

Ancestor	Предок
Aunt	Тетя
Brother	Брат
Child	Ребенок
Childhood	Детство
Children	Дети
Daughter	Дочь
Father	Отец
Grandfather	Дед
Grandmother	Бабушка
Grandson	Внук
Husband	Муж
Maternal	Материнский
Mother	Мать
Nephew	Племянник
Niece	Племянница
Paternal	Отцовский
Sister	Сестра
Uncle	Дядя
Wife	Жена

Farm #1
Ферма #1

Bee	Пчела
Bison	Зубр
Calf	Телец
Cat	Кошка
Chicken	Курица
Cow	Корова
Crow	Ворона
Dog	Собака
Donkey	Осел
Fence	Забор
Fertilizer	Удобрение
Field	Поле
Flock	Стадо
Goat	Коза
Hay	Сено
Honey	Мед
Horse	Лошадь
Rice	Рис
Seeds	Семена
Water	Вода

Farm #2
Ферма #2

Animals	Животные
Barley	Ячмень
Barn	Амбар
Corn	Кукуруза
Duck	Утка
Farmer	Фермер
Food	Еда
Fruit	Фрукт
Irrigation	Орошение
Lamb	Ягненок
Llama	Лама
Meadow	Луг
Milk	Молоко
Orchard	Сад
Sheep	Овца
Shepherd	Пасти
To Grow	Расти
Tractor	Трактор
Vegetable	Овощ
Wheat	Пшеница

Fashion
Мода

Affordable	Доступный
Boutique	Бутик
Buttons	Кнопки
Clothing	Одежда
Comfortable	Удобный
Elegant	Элегантный
Embroidery	Вышивка
Expensive	Дорогой
Fabric	Ткань
Lace	Кружево
Measurements	Измерения
Minimalist	Минималист
Modern	Современный
Modest	Скромный
Original	Оригинал
Pattern	Шаблон
Practical	Практический
Style	Стиль
Texture	Текстура
Trend	Тенденция

Fishing
Рыбалка

Bait	Приманка
Basket	Корзина
Beach	Пляж
Boat	Лодка
Cook	Повар
Equipment	Оборудование
Exaggeration	Преувеличение
Fins	Плавники
Gills	Жабры
Hook	Крюк
Jaw	Челюсть
Lake	Озеро
Ocean	Океан
Patience	Терпение
River	Река
Scales	Весы
Season	Сезон
Water	Вода
Weight	Вес
Wire	Провод

Flowers
Цветы

Bouquet	Букет
Calendula	Календула
Clover	Клевер
Daisy	Маргаритка
Dandelion	Одуванчик
Gardenia	Гардения
Hibiscus	Гибискус
Jasmine	Жасмин
Lavender	Лаванда
Lilac	Сирень
Lily	Лилия
Magnolia	Магнолия
Orchid	Орхидея
Peony	Пион
Petal	Лепесток
Plumeria	Плюмерия
Poppy	Мак
Rose	Роза
Sunflower	Подсолнух
Tulip	Тюльпан

Food #1
Еда #1

Apricot	Абрикос
Barley	Ячмень
Basil	Базилик
Carrot	Морковь
Cinnamon	Корица
Garlic	Чеснок
Juice	Сок
Lemon	Лимон
Milk	Молоко
Onion	Лук
Peanut	Арахис
Pear	Груша
Salad	Салат
Salt	Соль
Soup	Суп
Spinach	Шпинат
Strawberry	Клубника
Sugar	Сахар
Tuna	Тунец
Turnip	Репа

Food #2
Еда #2

Apple	Яблоко
Artichoke	Артишок
Banana	Банан
Broccoli	Брокколи
Celery	Сельдерей
Cheese	Сыр
Cherry	Вишня
Chicken	Курица
Chocolate	Шоколад
Egg	Яйцо
Eggplant	Баклажан
Fish	Рыба
Grape	Виноград
Ham	Ветчина
Kiwi	Киви
Mushroom	Гриб
Rice	Рис
Tomato	Помидор
Wheat	Пшеница
Yogurt	Йогурт

Force and Gravity
Сила и Гравитация

Axis	Ось
Center	Центр
Discovery	Открытие
Distance	Расстояние
Dynamic	Динамический
Expansion	Расширение
Friction	Трение
Impact	Влияние
Magnetism	Магнетизм
Magnitude	Величина
Mechanics	Механика
Momentum	Импульс
Orbit	Орбита
Physics	Физика
Pressure	Давление
Properties	Свойства
Speed	Скорость
Time	Время
Universal	Универсальный
Weight	Вес

Fruit
Фрукты

Apple	Яблоко
Apricot	Абрикос
Avocado	Авокадо
Banana	Банан
Berry	Ягода
Cherry	Вишня
Coconut	Кокос
Fig	Инжир
Grape	Виноград
Guava	Гуава
Kiwi	Киви
Lemon	Лимон
Mango	Манго
Melon	Дыня
Nectarine	Нектарин
Papaya	Папайя
Peach	Персик
Pear	Груша
Pineapple	Ананас
Raspberry	Малина

Garden
Сад

Bench	Скамья
Bush	Куст
Fence	Забор
Flower	Цветок
Garage	Гараж
Garden	Сад
Grass	Трава
Hammock	Гамак
Hose	Шланг
Lawn	Лужайка
Pond	Пруд
Porch	Крыльцо
Rake	Грабли
Shovel	Лопата
Soil	Почва
Terrace	Терраса
Trampoline	Батут
Tree	Дерево
Weeds	Сорняки

Gardening
Садоводство

Blossom	Цветение
Botanical	Ботанический
Bouquet	Букет
Climate	Климат
Compost	Компост
Container	Контейнер
Dirt	Грязь
Edible	Съедобный
Exotic	Экзотический
Floral	Цветочный
Foliage	Листва
Hose	Шланг
Leaf	Лист
Moisture	Влага
Orchard	Сад
Seasonal	Сезонный
Seeds	Семена
Soil	Почва
Species	Вид
Water	Вода

Geography
География

Altitude	Высота
Atlas	Атлас
City	Город
Continent	Континент
Country	Страна
Hemisphere	Полусфера
Island	Остров
Latitude	Широта
Map	Карта
Meridian	Меридиан
Mountain	Гора
North	Север
Ocean	Океан
Region	Регион
River	Река
Sea	Море
South	Юг
Territory	Территория
West	Запад
World	Мир

Geology
Геология

Acid	Кислота
Calcium	Кальций
Cavern	Пещера
Continent	Континент
Coral	Коралл
Crystals	Кристаллы
Cycles	Циклы
Earthquake	Землетрясение
Erosion	Эрозия
Fossil	Ископаемое
Geyser	Гейзер
Lava	Лава
Layer	Слой
Minerals	Минералы
Plateau	Плато
Quartz	Кварц
Salt	Соль
Stalactite	Сталактит
Stone	Камень
Volcano	Вулкан

Geometry
Геометрия

Angle	Угол
Calculation	Расчет
Circle	Круг
Curve	Изгиб
Diameter	Диаметр
Dimension	Измерение
Equation	Уравнение
Height	Высота
Logic	Логика
Mass	Масса
Median	Медиана
Number	Число
Parallel	Параллель
Proportion	Пропорция
Segment	Сегмент
Surface	Поверхность
Symmetry	Симметрия
Theory	Теория
Triangle	Треугольник
Vertical	Вертикальный

Global Warming
Глобальное Потепление

Arctic	Арктический
Attention	Внимание
Changes	Изменения
Climate	Климат
Consequences	Последствия
Crisis	Кризис
Data	Данные
Development	Развитие
Energy	Энергия
Environmental	Экологический
Future	Будущее
Gas	Газ
Generations	Поколения
Government	Правительство
International	Международный
Now	Сейчас
Populations	Популяции
Scientist	Ученый
Temperatures	Температуры

Government
Правительство

Citizenship	Гражданство
Civil	Гражданский
Constitution	Конституция
Democracy	Демократия
Discussion	Обсуждение
District	Район
Equality	Равенство
Independence	Независимость
Judicial	Судебный
Law	Закон
Leader	Лидер
Liberty	Свобода
Monument	Памятник
Nation	Нация
National	Национальный
Peaceful	Мирный
Politics	Политика
Speech	Речь
State	Государство
Symbol	Символ

Hair Types
Типы Волос

Bald	Лысый
Black	Черный
Blond	Блондин
Braided	Плетеный
Braids	Косы
Brown	Коричневый
Colored	Цветной
Curls	Кудри
Curly	Кудрявый
Dry	Сухой
Gray	Серый
Healthy	Здоровый
Long	Длинный
Shiny	Блестящий
Short	Короткая
Silver	Серебро
Soft	Мягкий
Thick	Толстый
Thin	Тонкий
White	Белый

Health and Wellness #1
Здоровье и Благополучие #1

Active	Активный
Bacteria	Бактерии
Bones	Кости
Clinic	Клиника
Doctor	Врач
Fracture	Перелом
Habit	Привычка
Height	Высота
Hormones	Гормоны
Hunger	Голод
Muscles	Мышцы
Nerves	Нервы
Pharmacy	Аптека
Reflex	Рефлекс
Relaxation	Релаксация
Skin	Кожа
Therapy	Терапия
To Breathe	Дышать
Treatment	Лечение
Virus	Вирус

Health and Wellness #2
Здоровье и Благополучие #2

Allergy	Аллергия
Anatomy	Анатомия
Appetite	Аппетит
Blood	Кровь
Calorie	Калория
Dehydration	Обезвоживание
Diet	Диета
Disease	Болезнь
Energy	Энергия
Genetics	Генетика
Healthy	Здоровый
Hospital	Больница
Hygiene	Гигиена
Infection	Инфекция
Massage	Массаж
Mood	Настроение
Nutrition	Питание
Stress	Стресс
Vitamin	Витамин
Weight	Вес

Herbalism
Тимбализм

Aromatic	Ароматический
Basil	Базилик
Beneficial	Выгодный
Culinary	Кулинарный
Fennel	Фенхель
Flavor	Вкус
Flower	Цветок
Garden	Сад
Garlic	Чеснок
Green	Зеленый
Ingredient	Ингредиент
Lavender	Лаванда
Marjoram	Майоран
Mint	Мята
Oregano	Орегано
Parsley	Петрушка
Plant	Растение
Rosemary	Розмарин
Saffron	Шафран
Tarragon	Эстрагон

Hiking
Пеший Туризм

Animals	Животные
Boots	Ботинки
Camping	Кемпинг
Cliff	Утес
Climate	Климат
Hazards	Опасности
Heavy	Тяжелый
Map	Карта
Mountain	Гора
Nature	Природа
Orientation	Ориентация
Parks	Парки
Preparation	Подготовка
Stones	Камни
Summit	Саммит
Sun	Солнце
Tired	Усталый
Water	Вода
Weather	Погода
Wild	Дикий

House
Дом

Attic	Чердак
Broom	Метла
Curtains	Шторы
Door	Дверь
Fence	Забор
Fireplace	Камин
Floor	Этаж
Furniture	Мебель
Garage	Гараж
Garden	Сад
Keys	Ключи
Kitchen	Кухня
Lamp	Лампа
Library	Библиотека
Mirror	Зеркало
Roof	Крыша
Room	Комната
Shower	Душ
Wall	Стена
Window	Окно

Human Body
Тело Человека

Ankle	Лодыжка
Blood	Кровь
Bones	Кости
Brain	Мозг
Chin	Подбородок
Ear	Ухо
Elbow	Локоть
Face	Лицо
Finger	Палец
Hand	Рука
Head	Голова
Heart	Сердце
Jaw	Челюсть
Knee	Колено
Leg	Нога
Mouth	Рот
Neck	Шея
Nose	Нос
Shoulder	Плечо
Skin	Кожа

Immigration
Иммиграция

Administration	Администрация
Adults	Взрослые
Aid	Помощь
Approval	Утверждение
Borders	Границы
Children	Дети
Communication	Коммуникация
Deadline	Крайний Срок
Documents	Документы
Housing	Жилье
Language	Язык
Law	Закон
Negotiation	Переговоры
Officer	Офицер
Process	Процесс
Protection	Защита
Situation	Ситуация
Solution	Решение
Stress	Стресс

Insects
Насекомые

Ant	Муравей
Aphid	Тля
Bee	Пчела
Beetle	Жук
Butterfly	Бабочка
Cicada	Цикада
Cockroach	Таракан
Dragonfly	Стрекоза
Flea	Блоха
Grasshopper	Кузнечик
Hornet	Шершень
Ladybug	Божья Коровка
Larva	Личинка
Locust	Саранча
Mantis	Богомол
Mosquito	Комар
Termite	Термит
Wasp	Оса
Worm	Червь

Jazz
Джаз

Album	Альбом
Applause	Аплодисменты
Artist	Художник
Composer	Композитор
Composition	Состав
Concert	Концерт
Drums	Барабаны
Emphasis	Акцент
Famous	Известный
Favorites	Избранное
Improvisation	Импровизация
Music	Музыка
New	Новый
Old	Старый
Orchestra	Оркестр
Rhythm	Ритм
Song	Песня
Style	Стиль
Talent	Талант
Technique	Техника

Landscapes
Пейзажи

Beach	Пляж
Cave	Пещера
Desert	Пустыня
Geyser	Гейзер
Glacier	Ледник
Hill	Холм
Iceberg	Айсберг
Island	Остров
Lake	Озеро
Mountain	Гора
Oasis	Оазис
Ocean	Океан
Peninsula	Полуостров
River	Река
Sea	Море
Swamp	Болото
Tundra	Тундра
Valley	Долина
Volcano	Вулкан
Waterfall	Водопад

Literature
Литература

Analogy	Аналогия
Analysis	Анализ
Anecdote	Анекдот
Author	Автор
Biography	Биография
Comparison	Сравнение
Conclusion	Заключение
Description	Описание
Dialogue	Диалог
Metaphor	Метафора
Narrator	Рассказчик
Novel	Роман
Opinion	Мнение
Poem	Стих
Poetic	Поэтика
Rhyme	Рифма
Rhythm	Ритм
Style	Стиль
Theme	Тема
Tragedy	Трагедия

Mammals
Млекопитающие

Bear	Медведь
Beaver	Бобр
Bull	Бык
Cat	Кошка
Coyote	Койот
Dog	Собака
Dolphin	Дельфин
Elephant	Слон
Fox	Лиса
Giraffe	Жираф
Gorilla	Горилла
Horse	Лошадь
Kangaroo	Кенгуру
Lion	Лев
Monkey	Обезьяна
Rabbit	Кролик
Sheep	Овца
Whale	Кит
Wolf	Волк
Zebra	Зебра

Math
Математика

Angles	Углы
Arithmetic	Арифметика
Decimal	Десятичный
Diameter	Диаметр
Division	Деление
Equation	Уравнение
Exponent	Экспонент
Fraction	Фракция
Geometry	Геометрия
Numbers	Числа
Parallel	Параллель
Perimeter	Периметр
Polygon	Полигон
Radius	Радиус
Rectangle	Прямоугольник
Square	Площадь
Sum	Сумма
Symmetry	Симметрия
Triangle	Треугольник
Volume	Объем

Measurements
Измерения

Byte	Байт
Centimeter	Сантиметр
Decimal	Десятичный
Degree	Степень
Depth	Глубина
Gram	Грамм
Height	Высота
Inch	Дюйм
Kilogram	Килограмм
Kilometer	Километр
Length	Длина
Liter	Литр
Mass	Масса
Meter	Метр
Minute	Минута
Ounce	Унция
Ton	Тонна
Volume	Объем
Weight	Вес
Width	Ширина

Meditation
Медитация

Acceptance	Принятие
Attention	Внимание
Awake	Бодрствующий
Breathing	Дыхание
Calm	Спокойный
Clarity	Ясность
Compassion	Сострадание
Emotions	Эмоции
Gratitude	Благодарность
Habits	Привычки
Kindness	Доброта
Mental	Умственный
Mind	Ум
Movement	Движение
Music	Музыка
Nature	Природа
Peace	Мир
Perspective	Перспектива
Silence	Тишина
Thoughts	Мысли

Music
Музыка

Album	Альбом
Ballad	Баллада
Chorus	Хор
Classical	Классический
Eclectic	Эклектичный
Harmonic	Гармонический
Harmony	Гармония
Lyrical	Лирический
Melody	Мелодия
Microphone	Микрофон
Musical	Музыкальный
Musician	Музыкант
Opera	Опера
Poetic	Поэтика
Recording	Запись
Rhythm	Ритм
Rhythmic	Ритмичный
Sing	Петь
Singer	Певец
Vocal	Вокал

Musical Instruments
Музыкальные Инструменты

Banjo	Банджо
Bassoon	Фагот
Cello	Виолончель
Clarinet	Кларнет
Drum	Барабан
Flute	Флейта
Gong	Гонг
Guitar	Гитара
Harmonica	Гармоника
Harp	Арфа
Mandolin	Мандолина
Marimba	Маримба
Oboe	Гобой
Percussion	Перкуссия
Piano	Пианино
Saxophone	Саксофон
Tambourine	Бубен
Trombone	Тромбон
Trumpet	Труба
Violin	Скрипка

Mythology
Мифология

Archetype	Архетип
Behavior	Поведение
Beliefs	Убеждения
Creation	Создание
Creature	Существо
Culture	Культура
Deities	Божества
Disaster	Катастрофа
Heaven	Небеса
Hero	Герой
Immortality	Бессмертие
Jealousy	Ревность
Labyrinth	Лабиринт
Legend	Легенда
Lightning	Молния
Monster	Монстр
Mortal	Смертный
Revenge	Месть
Thunder	Гром
Warrior	Воин

Nature
Природа

Animals	Животные
Arctic	Арктический
Beauty	Красота
Bees	Пчелы
Cliffs	Скалы
Clouds	Облака
Desert	Пустыня
Dynamic	Динамический
Erosion	Эрозия
Fog	Туман
Foliage	Листва
Forest	Лес
Glacier	Ледник
Mountains	Горы
Peaceful	Мирный
River	Река
Sanctuary	Святилище
Serene	Безмятежный
Tropical	Тропический
Wild	Дикий

Numbers
Цифры

Decimal	Десятичный
Eight	Восемь
Eighteen	Восемнадцать
Fifteen	Пятнадцать
Five	Пять
Four	Четыре
Fourteen	Четырнадцать
Nine	Девять
Nineteen	Девятнадцать
One	Один
Seven	Семь
Seventeen	Семнадцать
Six	Шесть
Sixteen	Шестнадцать
Ten	Десять
Thirteen	Тринадцать
Three	Три
Twelve	Двенадцать
Twenty	Двадцать
Two	Два

Nutrition
Питание

Appetite	Аппетит
Bitter	Горький
Calories	Калории
Carbohydrates	Углеводы
Diet	Диета
Digestion	Пищеварение
Edible	Съедобный
Fermentation	Ферментация
Flavor	Вкус
Habits	Привычки
Health	Здоровье
Healthy	Здоровый
Liquids	Жидкости
Nutrient	Нутриент
Proteins	Белки
Quality	Качество
Sauce	Соус
Toxin	Токсин
Vitamin	Витамин
Weight	Вес

Ocean
Океан

Algae	Водоросли
Coral	Коралл
Crab	Краб
Dolphin	Дельфин
Eel	Угорь
Fish	Рыба
Jellyfish	Медуза
Octopus	Осьминог
Oyster	Устрица
Reef	Риф
Salt	Соль
Shark	Акула
Shrimp	Креветка
Sponge	Губка
Storm	Буря
Tides	Приливы
Tuna	Тунец
Turtle	Черепаха
Waves	Волны
Whale	Кит

Physics
Физика

Acceleration	Ускорение
Atom	Атом
Chaos	Хаос
Chemical	Химические
Density	Плотность
Electron	Электрон
Engine	Двигатель
Expansion	Расширение
Experiment	Эксперимент
Formula	Формула
Frequency	Частота
Gas	Газ
Magnetism	Магнетизм
Mass	Масса
Mechanics	Механика
Molecule	Молекула
Nuclear	Ядерный
Particle	Частица
Speed	Скорость
Universal	Универсальный

Plants
Растения

Bamboo	Бамбук
Bean	Боб
Berry	Ягода
Blossom	Цветение
Botany	Ботаника
Bush	Куст
Cactus	Кактус
Fertilizer	Удобрение
Flora	Флора
Flower	Цветок
Foliage	Листва
Forest	Лес
Garden	Сад
Grass	Трава
Ivy	Плющ
Moss	Мох
Petal	Лепесток
Root	Корень
Stem	Стебель
Tree	Дерево

Professions #1
Профессии #1

Ambassador	Посол
Astronomer	Астроном
Attorney	Адвокат
Banker	Банкир
Cartographer	Картограф
Coach	Тренер
Dancer	Танцор
Doctor	Врач
Editor	Редактор
Geologist	Геолог
Hunter	Охотник
Jeweler	Ювелир
Musician	Музыкант
Nurse	Медсестра
Pianist	Пианист
Plumber	Водопроводчик
Psychologist	Психолог
Sailor	Моряк
Tailor	Портной
Veterinarian	Ветеринар

Professions #2
Профессии #2

Astronaut	Астронавт
Biologist	Биолог
Dentist	Стоматолог
Detective	Детектив
Engineer	Инженер
Farmer	Фермер
Gardener	Садовник
Illustrator	Иллюстратор
Inventor	Изобретатель
Journalist	Журналист
Librarian	Библиотекарь
Linguist	Лингвист
Painter	Художник
Philosopher	Философ
Photographer	Фотограф
Physician	Врач
Pilot	Пилот
Surgeon	Хирург
Teacher	Учитель
Zoologist	Зоолог

Psychology
Психология

Assessment	Оценка
Behavior	Поведение
Childhood	Детство
Clinical	Клинический
Cognition	Познание
Conflict	Конфликт
Dreams	Мечты
Ego	Эго
Emotions	Эмоции
Experiences	Опыт
Ideas	Идеи
Perception	Восприятие
Personality	Личность
Problem	Проблема
Reality	Реальность
Sensation	Сенсация
Subconscious	Подсознание
Therapy	Терапия
Thoughts	Мысли
Unconscious	Без Сознания

Restaurant #2
Ресторан #2

Appetizer	Закуска
Beverage	Напиток
Cake	Торт
Chair	Стул
Delicious	Вкусный
Dinner	Обед
Eggs	Яйца
Fish	Рыба
Fork	Вилка
Fruit	Фрукт
Ice	Лед
Noodles	Лапша
Salad	Салат
Salt	Соль
Soup	Суп
Spices	Специи
Spoon	Ложка
Vegetables	Овощи
Waiter	Официант
Water	Вода

Science
Наука

Atom	Атом
Chemical	Химические
Climate	Климат
Data	Данные
Evolution	Эволюция
Experiment	Эксперимент
Fact	Факт
Fossil	Ископаемое
Gravity	Гравитация
Hypothesis	Гипотеза
Laboratory	Лаборатория
Method	Метод
Minerals	Минералы
Molecules	Молекулы
Nature	Природа
Organism	Организм
Particles	Частицы
Physics	Физика
Plants	Растения
Scientist	Ученый

Science Fiction
Научная Фантастика

Atomic	Атомный
Books	Книги
Cinema	Кино
Clones	Клоны
Dystopia	Антиутопия
Explosion	Взрыв
Extreme	Экстремальный
Fire	Огонь
Galaxy	Галактика
Illusion	Иллюзия
Imaginary	Воображаемый
Mysterious	Таинственный
Novels	Романы
Oracle	Оракул
Planet	Планета
Realistic	Реалистичный
Robots	Роботы
Technology	Технология
Utopia	Утопия
World	Мир

Scientific Disciplines
Научные Дисциплины

Anatomy	Анатомия
Archaeology	Археология
Astronomy	Астрономия
Biochemistry	Биохимия
Biology	Биология
Botany	Ботаника
Chemistry	Химия
Ecology	Экология
Geology	Геология
Immunology	Иммунология
Kinesiology	Кинезиология
Linguistics	Лингвистика
Mechanics	Механика
Mineralogy	Минералогия
Neurology	Неврология
Physiology	Физиология
Psychology	Психология
Sociology	Социология
Thermodynamics	Термодинамика
Zoology	Зоология

Shapes
Формы

Arc	Дуга
Circle	Круг
Cone	Конус
Corner	Угол
Cube	Куб
Curve	Изгиб
Cylinder	Цилиндр
Edges	Края
Ellipse	Эллипс
Hyperbola	Гипербола
Line	Линия
Oval	Овальный
Polygon	Полигон
Prism	Призма
Pyramid	Пирамида
Rectangle	Прямоугольник
Side	Сторона
Sphere	Сфера
Square	Площадь
Triangle	Треугольник

Spices
Специи

Anise	Анис
Bitter	Горький
Cardamom	Кардамон
Cinnamon	Корица
Clove	Гвоздика
Coriander	Кориандр
Cumin	Тмин
Curry	Карри
Fennel	Фенхель
Fenugreek	Пажитник
Flavor	Вкус
Garlic	Чеснок
Ginger	Имбирь
Licorice	Солодка
Onion	Лук
Paprika	Паприка
Saffron	Шафран
Salt	Соль
Sweet	Сладкий
Vanilla	Ваниль

Time
Время

Annual	Ежегодный
Before	До
Calendar	Календарь
Century	Век
Clock	Часы
Day	День
Decade	Десятилетие
Early	Рано
Future	Будущее
Hour	Час
Minute	Минута
Month	Месяц
Morning	Утро
Night	Ночь
Noon	Полдень
Now	Сейчас
Soon	Скоро
Today	Сегодня
Week	Неделя
Year	Год

Town
Город

Airport	Аэропорт
Bakery	Пекарня
Bank	Банк
Cafe	Кафе
Cinema	Кино
Clinic	Клиника
Florist	Флорист
Gallery	Галерея
Hotel	Отель
Library	Библиотека
Market	Рынок
Museum	Музей
Pharmacy	Аптека
School	Школа
Stadium	Стадион
Store	Магазин
Supermarket	Супермаркет
Theater	Театр
University	Университет
Zoo	Зоопарк

Universe
Вселенная

Asteroid	Астероид
Astronomer	Астроном
Astronomy	Астрономия
Atmosphere	Атмосфера
Celestial	Небесный
Cosmic	Космический
Darkness	Темнота
Eon	Вечность
Galaxy	Галактика
Hemisphere	Полусфера
Horizon	Горизонт
Latitude	Широта
Moon	Луна
Orbit	Орбита
Sky	Небо
Solar	Солнечный
Solstice	Солнцестояние
Telescope	Телескоп
Visible	Видимый
Zodiac	Зодиак

Vacation #2
Отпуск #2

Airport	Аэропорт
Beach	Пляж
Camping	Кемпинг
Foreign	Иностранный
Foreigner	Иностранец
Holiday	Праздник
Hotel	Отель
Island	Остров
Journey	Путешествие
Leisure	Досуг
Map	Карта
Mountains	Горы
Passport	Паспорт
Restaurant	Ресторан
Sea	Море
Taxi	Такси
Tent	Палатка
Train	Поезд
Transportation	Транспорт
Visa	Виза

Vegetables
Овощи

Artichoke	Артишок
Broccoli	Брокколи
Carrot	Морковь
Celery	Сельдерей
Cucumber	Огурец
Eggplant	Баклажан
Garlic	Чеснок
Ginger	Имбирь
Mushroom	Гриб
Olive	Оливка
Onion	Лук
Parsley	Петрушка
Pea	Горох
Pumpkin	Тыква
Radish	Редис
Salad	Салат
Shallot	Шалот
Spinach	Шпинат
Tomato	Помидор
Turnip	Репа

Vehicles
Транспортные Средства

Airplane	Самолет
Bicycle	Велосипед
Boat	Лодка
Bus	Автобус
Car	Автомобиль
Caravan	Караван
Engine	Двигатель
Ferry	Паром
Helicopter	Вертолет
Motor	Мотор
Raft	Плот
Rocket	Ракета
Scooter	Скутер
Shuttle	Челнок
Subway	Метро
Taxi	Такси
Tires	Шины
Tractor	Трактор
Train	Поезд
Truck	Грузовик

Visual Arts
Изобразительное Искусство

Architecture	Архитектура
Artist	Художник
Ceramics	Керамика
Chalk	Мел
Charcoal	Уголь
Clay	Глина
Composition	Состав
Creativity	Креативность
Easel	Мольберт
Film	Фильм
Masterpiece	Шедевр
Pen	Ручка
Pencil	Карандаш
Perspective	Перспектива
Photograph	Фотография
Portrait	Портрет
Sculpture	Скульптура
Stencil	Трафарет
Varnish	Лак
Wax	Воск

Water
Вода

Canal	Канал
Drinkable	Питьевой
Evaporation	Испарение
Flood	Наводнение
Frost	Мороз
Geyser	Гейзер
Humidity	Влажность
Hurricane	Ураган
Ice	Лед
Irrigation	Орошение
Lake	Озеро
Moisture	Влага
Monsoon	Муссон
Ocean	Океан
Rain	Дождь
River	Река
Shower	Душ
Snow	Снег
Steam	Пар
Waves	Волны

Weather
Погода

Atmosphere	Атмосфера
Breeze	Бриз
Climate	Климат
Cloud	Облако
Drought	Засуха
Dry	Сухой
Fog	Туман
Hurricane	Ураган
Ice	Лед
Lightning	Молния
Monsoon	Муссон
Polar	Полярный
Rainbow	Радуга
Sky	Небо
Storm	Буря
Temperature	Температура
Thunder	Гром
Tornado	Торнадо
Tropical	Тропический
Wind	Ветер

Congratulations

You made it!

We hope you enjoyed this book as much as we enjoyed making it. We do our best to make high quality games.
These puzzles are designed in a clever way for you to learn actively while having fun!

Did you love them?

A Simple Request

Our books exist thanks your reviews. Could you help us by leaving one now?

Here is a short link which will take you to your order review page:

BestBooksActivity.com/Review50

MONSTER CHALLENGE!

Challenge #1

Ready for Your Bonus Game? We use them all the time but they are not so easy to find. Here are **Synonyms**!

Note 5 words you discovered in each of the Puzzles noted below (#21, #36, #76) and try to find 2 synonyms for each word.

Note 5 Words from *Puzzle 21*

Words	Synonym 1	Synonym 2

Note 5 Words from *Puzzle 36*

Words	Synonym 1	Synonym 2

Note 5 Words from *Puzzle 76*

Words	Synonym 1	Synonym 2

Challenge #2

Now that you are warmed-up, note 5 words you discovered in each Puzzle
noted below (#9, #17, #25) and try to find 2 antonyms for each word.
How many lines can you do in 20 minutes?

Note 5 Words from **Puzzle 9**

Words	Antonym 1	Antonym 2

Note 5 Words from **Puzzle 17**

Words	Antonym 1	Antonym 2

Note 5 Words from **Puzzle 25**

Words	Antonym 1	Antonym 2

Challenge #3

Wonderful, this monster   challenge is nothing to you!

Ready for the last one? Choose your 10 favorite words discovered in any of the Puzzles and note them below.

1.	6.
2.	7.
3.	8.
4.	9.
5.	10.

Now, using these words and within a maximum of six sentences, your challenge is to compose a text about a person, animal or place that you love!

Tip: You can use the last blank page of this book as a draft!

Your Writing:

Explore a Unique Store
Set Up **FOR YOU!**

MEGA DEALS

BestActivityBooks.com/TheStore

Designed for Entertainment!

Light Up Your Brain With Unique **Gift Ideas**.

Access **Surprising** And **Essential Supplies!**

CHECK OUT OUR MONTHLY SELECTION NOW!

- Expertly Crafted Products -

NOTEBOOK:

SEE YOU SOON!

Linguas Classics Team